AF303667

Titelbild: Mann und Frau in Harran (tour-turkey.com)

guenther h. klein

Das Leben Abrahams

Die Deutsche Bibliothek CIP –
Einheitsaufnahme

Impressum:

Herstellung und Verlag:

Books on Demand, Norderstedt

Satz und Gestaltung: $\LaTeX\,2_\varepsilon$

Alle Textrechte: © 2020 guenther h. klein

ISBN: 97893751922913

INHALTSVERZEICHNIS

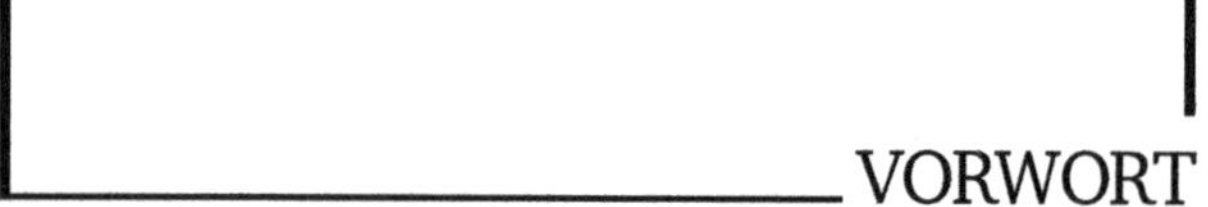

Die Urgeschichte ist vorbei. Die Vatergeschichte beginnt. Einer der ersten Väter trägt den Namen Abraham. Von ihm und seinem Leben soll in diesem Buch die Rede sein. Abraham wird in der Bibel im AT erwähnt. Im NT ist in Matthäus 1,1 der Stammbau Jesu angeführt.

Abraham soll aus der historischen Stadt Ur stammen. Die Sippe wollte nach Kanaan ziehen, zog aber hinauf nach Harran (bibl. Haran). Erst nach dem Tod seines Vaters wanderte er nach Kanaan. Nach einer Hungersnot zog er nach Ägypten. Bei allen Wanderungen kamen rund 3000 Kilometer zustande. Dass Abraham zum Stammvater der Jude wurde, das ist Absicht der jüdischen Gelehrten.

Will man ein Buch über eine biblische Person schreiben, ist erste Quelle die Bibel. Als zweite Quelle sind die jüdischen Archäologen Israel Finkelstein und Neil Asher Silbermann. Sie haben das Buch «Keine Trompeten vor Jericho» geschrieben. Da sie keine Urkunden, keine Stele, keine Inschriften gefunden haben, sprechen sie von der vergeblichen Suche nach dem historischen Abraham. Demzufolge hat Abraham nicht gelebt.

Nach der biblischen Zeittafel soll Abraham vor rund 2.000 v.Chr. Jahren gelebt haben. Das ist aus mehreren Gründen unwahrscheinlich:

- Nach Kap 12,8: soll Abraham sein Zelt so aufbauen, dass der Eingang des Zeltes nach Bethel und die Rückwand nach Ai ausrichtet sein soll. Bet-El, das Haus Gottes, ist erst bei seinem Enkel Jakob entstanden (Genesis 28,19). Die Ortschaft Ai wurde durch Josua zerstört (Josua 8,28).
- »Die Ehrfurcht der Juden vor dem Wort Gottes hat dazu geführt, dass es keine einzig bekannte Gesamthandschrift des hebräischen Alten Testaments gibt, die älter ist als 1.000 Jahre«.[DR]
- Die älteste Handschrift ist das Papyrus Nash (um 150 v.Chr.), ein aus Ägypten stammendes Papyrusblatt. Es gibt weitere Handschriften,

die aus der Diaspora stammen.

Wer hat die Person Abraham und sein Leben niedergeschrieben? Es dürften jüdische Gelehrte, Rabbinen und Schriftkundige gewesen sein, die während des babylonischen Exils gelebt haben. . Daraus ist der Hymnus Abraham entstanden. Man versammelte sich in Lehrhäusern. An deren Spitze der »Exilarch« stand. Er war Ideengeber und Chefredakteur in einer Person. Er bestimmte, was und wie geschrieben wurde. Er beanspruchte für sich davidische Abstammung. Solche Gelehrtenschulen gab es am Euphrat, in Nehardea, Sura und Pumbedita.[Sch] Der Hohe Rat (Sanhedrin), der während des babylonischen Exils und am Aufbau des zweiten Tempels beteiligt war, es waren die Personen Esra und Nehemia.

Abbildung 0.1. Häuser in Harran[Wik]

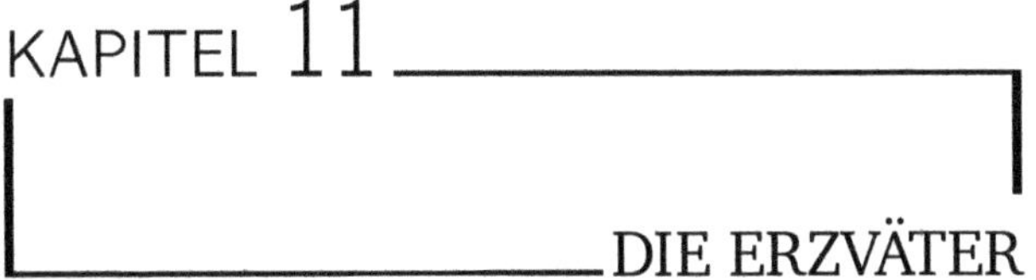

KAPITEL 11

DIE ERZVÄTER

>>Wissen wir, die Spätgeborenen,
überhaupt etwas von jemandem,
der in der Vergangenheit lebte?<<
(Der Brautpreis)
Grete Weil, Deutsche Schriftstellerin,
gest. 1999; eigentlich >>Margarete
Elisabeth Dispeker<<

DIE Erzählung über die Person Abraham beginnt mit dem 11. Kapitel und dem 10. Vers des Buchs Genesis und endet mit dem 32. Vers. Das Leben Abrahams endet mit dem 25. Kapitel. Hier wird von seinem Tod gesprochen. Dazwischen eingeschachtelt ist das 24. Kapitel, das von der Geburt Isaaks erzählt. Dieser Einschub ist erforderlich gemacht zu werden, denn die Bildung eines Volkes der Juden ist Absicht. Dafür hat die Geburt des erstgeborenen Sohnes, Ismael, nicht die Bedeutung, die später Isaak bekam. Die Geschichte Abrahams wird nicht fortlaufend erzählt, sondern erhält verschiedene Einschübe.

Im 10. Kapitel wird die »Völkertafel« beschrieben. Ab Vers 6 werden die drei Söhne Noahs erwähnt. Nach der Flut kamen Sem, Ham und Jafet zur Welt. Sem ist der älteste Sohn, seine Nachkommen werden erst am Schluss des Abschnitts aufgeführt. Die Liste beginnt beim jüngsten Sohn Jafet:

• **Die Söhne Jafets sind:** Gomer, Magog, Madai, Jawan, Tubal, Meschech und Tiras.

• **Die Söhne Hams sind:** Kusch, Ägypten, Put und Kanaan.

• **Die Söhne Sems sind:** Elam, Assur, Arpachschad, Lud und Aram.. In dieser Völkertafel ist von der

Sippe Abrahams noch keine Rede. Das ändert sich aber jetzt.

Dann beginnt ein zweiter biblischer Abschnitt. Mit dem 11.Kapitel wird der Turmbau zu Babel beschrieben. Das führte zur Sprachverwirrung. Ab

Vers 10 kommt es dann zur Überschrift:

Die Vorfahren Abrahams:

Die Erzählung hat das Ziel, die Vorfahren Abrahams zu beschreiben. Da Abraham literarische Existenz bekam, pflegen Zahlenangaben hinten und vorne nicht zu stimmen. Das wird zu belegen sein.

Ausgangspunkt ist Sem. Mit seinem 100. Lebensjahr zeugte er zwei Jahre nach der Flut Arpachschad. Nach seiner Geburt lebte er noch 500 Jahre. Sem lebte also insgesamt 600 Jahre. Mit seinem 403. Lebensjahr zeugte er Söhne und Töchter.

Eber war 34 Jahre alt, als er Peleg zeugte. Peleg war 30 Jahre alt, als er Regu bekam. Dieser zeugte mit 32 Jahren Serug. Mit 30 Jahren wird Nahor erwähnt. Er war 29 Jahre, als er Terach zeugte. Nahor lebte noch 119 Jahre. Mit 70 Jahre zeugte er Terach, Abraham und Haran.

Es werden zwei Personen mit Namen Nahor angeführt. Der erste ist Abrahams Großvater, der zweite sein Bruder. Dieser zweite Nahor war der Vater Lots. Dieser starb in Ur. Bei so vielen Personen zeigt eine Tabelle Nähers.

Addiert man die Posten 1-8 ergibt sich die Sum-

Sem	zeugte mit	100 Jahren Arpachschad
Sem	überlebte	Arpachschad um 500 Jahre
1 Arpachschad	zeugte mit	35 Jahren Schelach
2 Schelach	zeugte mit	30 Jahren Eber
3 Eber	zeugte mit	34 Jahren Peleg
4 Peleg	zeugte mit	30 Jahren Regu
5 Regu	zeugte mit	32 Jahren Serug
6 Serug	zeugte mit	30 Jahren Nahor
7 Nahor	zeugte mit	29 Jahren Terach
8 Terach	zeugte mit	70 Jahren Abraham
Summe:		290 Jahre
Abraham	starb mit	175 Jahren
Ergebnis:		465 Jahre

Tabelle 11.1. Vorfahren Abrahams

me von 290 Jahren. Addiert man das Lebensalter Abrahams mit 175 Jahre hinzu, summiert sich das Ganze mit 465 Jahren. Da aber Sem Arpachschad um 500 Jahre überlebt hat, ergibt sich daraus, dass Sem Abraham um genau 35 Jahre überlebt hat. Die Zahlen ergeben sich rein rechnerisch. Dass die Summe aus Terachs Leben 205 Jahre beträgt, dass ergibt die die Summe der Zahl Sieben (Gen 11,26), das ist eine Zahlensymbolik ersten Ranges. Zum ersten Mal hat der Hohe Rat der Juden (Sanhedrin) seine Hand im Spiel. Diese Personengruppe konnte zum Verhältnis Sem – Abraham keine Chronologie beabsichtigt. Man wollte Sem mit Abraham in Verbindung bringen.

Terach nahm seinen Sohn Abraham, Lot und seine Schwiegertochter Sarah und sie zogen von Ur, um in das Land Kanaan zu kommen. Sie zogen aber nicht dorthin, sondern wanderten stattdessen nach Harran. Als sie dort ankamen, blieben sie lange Zeit dort wohnen. Warum aber wurde jetzt schon Kanaan erwähnt? Es sollte vielleicht der Eindruck entstehen, Kanaan soll kein fremdes Land sein.

Terach starb im Alter von 205 Jahren. Wenn die Stadt Ur der Ausgangspunkt war, ist die Strecke nach Jerusalem genauso weit wie von Ur nach Harran. Die Ortschaft »Harran« liegt nahe des Quellgebiets des Euphrat.

• **Semiten und Antisemiten:** Der Begriff Antisemiten wird auf Israel bezogen, obwohl Sem keine Beziehung zum Judentum haben kann.

Noahs Sohn Sem wird auf die abendländische Geschichte große Bedeutung beigemessen. Davon leiteten sich der Semitismus und der Antisemitismus ab. Es wird sogar von der semitischen Sprache gesprochen. Sem dürfte keine andere Sprache gesprochen haben als seine Brüder. Die Entstehung von Semiten und der semitischen Sprache geht auf dem deutschen Gelehrten August Ludwig Schlözer zurück (1735-1809). Er machte aus Sem die Semiten. Daraus ist ein eigener Volksstamm künstlich entstanden. Das wird aber von Ham und Jafet in dieser Weise nicht gesagt.

Man müsste eher von Antijudentum sprechen. Interessant ist, wann der Begriff Antisemitismus zum ersten Mal verwendet wurde? Der deutsche Journalist Wilhelm Marr hat 1879 den Begriff geprägt. Das Wort wurde weltweit gegen das Judentum verwandt.[Wik] Friedrich Wilhelm Adolph Marr wurde am * 16 November 1819 in Magdeburg geboren und starb † 1904 in Hamburg. Er war ein deutscher Journalist und schuf den Begriff »Anarchismus«. 1879 gründete er die antisemitisch politische Vereinigung des deutsche Kaiserreichs. So kam es zum Begriff »Antisemitismus«.

Herr Schlözer hat die Reihenfolge Sem – Abraham für bare Münze genommen. Wenn er dann vom Volk der Semiten und der semitischer Sprache sprach, zeigt das, dass es bereits damals antijüdische Tendenzen gab. Gewiss ist:Sem ist lediglich der älteste Sohn Noahs.

• Ham und Jafet

Vom zweiten Sohn Noahs Ham oder von den Cha-
miten wird dagegen wenig geredet. Es wird beschrieben, wie Ham die Blöße seines Vater sah,
als er betrunken im Zelt lag. Ham war der Vater
Kanaans. Das Land soll Israel gehören.

Jafets Leben ist mehrdeutig. Nach Gen 9,27 wohnte
die Sippe Jafets in den Zelten Sems. Der jüngst
Bruder sucht beim ältesten Bruder Unterschlupf.
In Gen 10,4 werden die Dodaniter erwähnt. Nach
1.Chronik 1,7 werden daraus die Rodaniter. Das sind
die Bewohner von Rhodos. Das ist eine griechische
Insel. Daraus wurden – aus jüdischer Sicht – Heiden
(Gen 10,5) Heiden sind solche, die nicht beschnitten
sind.

• Terach:

Terach zeugte mit 70 Jahren (Genesis 11,26) Abraham, Nahor und Haran. Als Terach mit 205 Jahren
in Harran starb, macht die Differenz 135 Jahre aus.
Da aber das Lebensalter Abrahams nach (Genesis 12,4) mit 75 Jahren angeben wird, als er den
Boden Kanaans betrat, ergibt sich ein zeitliche Dif-

ferenz von 60 Jahren. In Genesis 22, 20-24 wird die Verwandtschaft Abrahams auf die Stadt Harran bezogen. Das soll seine Heimat sein. Hingegen wird von der historischen Stadt Ur mit keinem Wort mehr erwähnt. Warum aber zog er in die Ferne, denn sein Sohn Isaak soll eine Frau aus Harran bekommen – nicht aber aus Kanaan.

• Harran:

Die Ortschaft Harran, die in der Bibel Haran heißt, bedeutet auf assyrisch Harranju, wörtlich übersetzt,»Wegscheide« oder »Hauptstraße« . Auf diesen bekannten Wegen soll Abraham mit seinen Leuten unterwegs gewesen sein. Zur Zeit Abrahams war Harran aramäisch. Heute ist es eine kurdische Stadt. Sie liegt in der heutigen Türkei. Kurden nennen »Harran die Stadt Abrahams«. Das war erst nach dem biblischen Bericht möglich. Es ist weiter wahrscheinlich, dass man aramäisch sprach. Es kann aber auch eine kaukasische Sprache mit zahlreichen Dialekten gesprochen worden sein. Überhaupt ist Sprache ein Thema, das sich heute nicht mehr genau eruieren lässt. Es gibt im Alten Orient die Sprachen: Arabisch, Ägyptisch (koptisch), Hebräisch, das Chaldäisch, das Kaukasisch und andere altorientalische Sprachfamilien. Sprache ist kein toter Hausrat, sondern etwas Lebendiges. Im Deutschen sprach früher von Thür, was heißt heute Tür. Das Wort »Obst« wird mit zwei O gesprochen und geht auf das Mittellateinische »ooft« zurück.

• Orakel:

Als die Sippe Terachs nach Harran kam, wird von *einem* Gott keine Rede sein. Es wurden der Mondgott Sin (oder Nanna), es sind die Götter der Fruchtbarkeit, angebetet. Es gab verschiedene Sprüche, Lehren und Talismane. Das chaldäische Orakel steht stellvertretend für allerlei Hokuspokus. Im allgemeinen beruht es auf Gott und dem Vater. Gott gilt als der Intellekt, der sich der Sinneswelt entzogen hat. Die menschliche Seele hat in diesem Intellekt ihren Ursprung. Als Körper sucht sie Gott, um so eine geistige Verbindung herzustellen. Wenn die Verbindung zustande gekommen ist, kann sie sich von irdischer Gebundenheit lösen und dem göttlichen Licht zustreben. Der Aufstieg zu Gott ermöglicht die Losgelöstheit von jeder körperlichen Gebundenheit und findet in Gott Erlösung und Ruhe. Auch Talismane waren bekannt und man erhoffte sich von ihnen persönliche Bewahrung vor Unglück. Der Mondgott war für Wahrsagerei und Totenbeschwörung zuständig. Erinnert sei an das goldene Kalb (Ex 32,1-6)). In Griechenland war das Orakel von Delphi bekannt.

> Vergangenheit ist Geschichte
> Zukunft ein Geheimnis
> Und jeder Augenblick ist ein Geschenk.
> Ina Deter, dt. Liedermacherin

ABRAHAMS BERUFUNG

DAS 12. Kapitel besteht aus zwei Abschnitten. Der erste heißt: »Abrahams Berufung und Wanderung nach Kanaan«. Der zweite Abschnitt trägt die Überschrift: »Abraham und Sarah in Ägypten«. Die Wanderung von Ur nach der Siedlung Harran dürfte um die 800 Kilometer betragen. Von dort nach Kanaan zum Orakelum »Hain Mamre« dürfte es die gleiche Entfernung sein. Dann wäre noch die Wanderung nach Ägypten zu nennen, die wieder rund 800 Kilometer beträgt. Das Leben Abraham ist ein ruheloses Wanderleben. Heimisch ist er nie geworden. Der HERR sprach zu Abraham: »Zieh weg von deiner Verwandtschaft und deinem Vaterhaus. Gehe in das Land, das ich dir zeigen werde.«

Das war das Land, das bereits in Kapitel 11, 31 erwähnt wurde. Abraham konnte erst nach dem Tod seiner Eltern den Ort Harran verlassen. Das besagt die Apostelgeschichte in Kapitel 7,4:

> »Da zog er aus dem Land der Chaldäer fort und ließ sich in Haran nieder. Von dort ließ Gott ihn nach dem Tod seines Vaters in dieses Land übersiedeln, in dem ihr jetzt wohnt.«

Der Satz muss zweimal gelesen werden. Zum einen konnte Abraham von Kanaan nicht viel wissen und zum Anderen ist der Satz später geschrieben worden, denn damals wohnten die Jehudis noch nicht in Kanaan.

Als er nach Kanaan zog, wird er reich gesegnet werden, heißt es weiter. Die ganze Welt soll durch Abraham Segen erlangen. Wer sich gegen ihn stellt, den soll der göttliche Fluch treffen. Abraham zog von Harran und mit ihm Sarah und seines Bruders Sohn Lot. Sie zogen mit ihrer ganzen Habe, die sie in Harran erworben hatten, nach Kanaan. Darunter werden auch Knechte und Mägde gewesen sein. Das freilich wird nicht gesagt. Abraham wohnte in Zelten. Denn man wanderte und wohnte in Zelten.

Man errichtete immer wieder neue die Zelte. So war An- und Abbau von Zelten wie das tägliche Brot. Im gleichen Kapitel, in Ägypten, bekam er Knechte und Mägde. Im Kapitel 20,14 bekam er vom König Abimelech mehrere Knechte und Mägde, Rinder, Ziegen und Schafe. Zahlen wieder nicht genannt. Nur das Lebensalter wird mit 75 Jahren angegeben. Das ist mehr als eine symbolische Zahl. Mit seinem 100. Lebensalter wird sein Sohn Isaak geboren. Abraham starb mit dem 175. Lebensjahr. Es liegt ein 25-Jahres-Rhythmus vor.

Im Kapitel 11,26 wird der Stammbaum aufgezählt:

• Terach war 70 Jahre alt, als er Abraham, Nahor und Haran zeugte.

• Terach starb mit 205 Jahren in Harran.

• Die zeitliche Differenz zu den zwei Brüdern beträgt 135 Jahre.

• Abraham konnte erst nach dem Tod seines Vaters Harran verlassen, damit war er rund 135 Jahre alt. Hier passen die 75 Lebensjahre nicht ins Bild.

Betrachten wir folgende Zahlen:

Wie lange er in Kanaan blieb – und seinen ersten Zwischenstopp in Sichem eingelegte – wird nicht

Abraham	175 Jahre = 7x(5x5)
Isaak	180 Jahre = 5x(6x6)
Jakob	147 Jahre = 3x(7x7)

Tabelle 12.1. Die Lebensalter der Erzväter[Läp81]

gesagt. Von Harran ausgehend, zog Abraham nach Sichem bis zur Orakeleiche.[1] Im Buch »Jesus Sirach« steht in 50,25-26 Folgendes: »Zwei Völker verabscheue ich und das dritte ist kein Volk: Die Bewohner von Seïr und vom Philisterland und das törichte Volk, das in Sichem wohnt.«

Als der HERR Abraham in Sichem erschien und ihm das Land Kanaan versprach, baute er umgehend einen Altar. Dieser wird aus Steinen oder aus Erde bestanden haben. Man verwendete das örtlich vorhandene Material. Was Abraham betete, wird nicht gesagt. Man hätte Weihrauch oder sonstige wohlriechende Düfte erwarten können. Kaum ist er angekommen, wanderte Abraham nach Bet-El (Haus Gottes) weiter. Der Ort hieß früher Lus (Gen 28,19). Dieser Ort liegt südlich von Sichem; sein Enkel Jakob hatte ein Steinmal errichtet. Er hat Öl über das Steinmal gegossen. Er verfügte über Öl?

---

[1]Terebinthe Mores (Lehrer), auch Zaubereiche genannt (Richter 9,37).

Abraham richtete den Eingang des Zelt so aus, dass er nach Bet-El (im Westen) und und die Rückwand nach Ai (Trümmerhaufen, Josua 8,28) im Osten ausgerichtet war.[2]. Nachdem er den Namen des Herrn angerufen hatte, zog er weiter dem Negev (Südland) zu. Im Wüstengebiet gab es nicht genügend Futter.

Die Erzählungen, die Abraham betreffen, sind keine Reiseberichte im üblichen Sinn. Der zügige Einzug ins Land Kanaan ist das Vorhaben für Israel.

• Sichem:

Der Ort »Sichem«, auch »Sechem« oder »Shechem« genannt. Der Name heißt so viel wie Bergrücken oder Schulterpaar. Überreste davon wurden in der heutigen palästinensischen Stadt Nablus gefunden. Der Ort wird in der Bibel mehrmals erwähnt. In den Amarna-Briefen[3] heißt der Ort »Schakmi«.

---

[2]Nach dem Bibellexikon[RM] fiel Ai einer Naturkatastrophe zum Opfer. Als Josua gegen Ai zog, konnte es daher nicht mehr bestanden haben. Es wird aber die Einnahme und Zerstörung bei Josua beschrieben.

[3]Bei den sogenannten Amarna-Briefen handelt es sich um umfangreiche Tontafelfunde in Keilschrift: Sie wurden im Palastarchiv des Pharao Echnaton in seiner Residenz Achet-Aton, dem heutigen Tell El Amarna, in Ägypten, gefunden. Einige Briefe stellen nur Bitten um mehr Gold, das der Pharao schicken solle.

Die Bezeichnungen »Bergrücken« und »Altar« stehen im Verbund. Bekanntlich errichtete man Altäre auf Berghöhen. Man meinte sich Gott näher zu kommen. In einer Einsiedelei sucht man innere Einkehr.

• Bet-El und Ai:

Der Name Bet-El heißt übersetzt »Haus Gottes«. Jakob, Abrahams Enkel, errichtete dort ein Steinmal. Nachts im Traum erschien ihm eine Leiter, auf die er emporstieg. Sie reichte bis in den Himmel. Jakob dürfte das geträumt haben. Der Ort hieß vormals Lus (Gen 28,19. Der Ort heißt heute Betin.

Der Ort Ai, dessen Übersetzung »Der Trümmerhaufen« bedeutet, heißt auch die »Ruine«. Die Namensgebung ist im Buch Josua 8,28 nachzulesen. Dort heißt es: »Dann brannte Josua Ai nieder und machte es für immer zu einem Trümmerhaufen und zu einem öden Platz; das ist geblieben bis zum heutigen Tag.«

• Negeb:

Der Negev heißt wörtlich übersetzt: »Das Trockengebiet«. Bekannte Städte sind Beerscheba[4], Mizpé

---

[4]»Brunnen der Sieben«, auch »Brunnen des Schwurs« genannt.

Ramon, Paran[5], Petra[6] und ganz im Süden die Stadt Elat. Der Negev wird im Zusammenhang mit Abraham und seinem Sohn Isaak genannt. Abraham verbrachte seinen Lebensabend in Beerscheba. Selbst Isaak lebte im Negeb. Die Nordgrenze des Negev bildete das Königreich Gaza. Dort residierte der König Abimelech. Abraham besuchte ihn und bot ihm die alternde Sarah als Weib an.

• Die Kanaaniter:

Die Kanaaniter wurden nach ihren Stammvater Kanaan benannt.[7] Von Kanaan stammen weitere Söhne ab, die die Bibel in Genesis 10,6 ff anführt werden. . Die Kanaaniter sind die vorisraelischen Bewohner Palästinas. Weitere kanaanitische Stämme sind die Jebusiter, Hiwiter, Amoriter, Girgaschiter u.a.m. Das Buch Josua kennt im Kapitel 13 weitere kanaanitische Stämme. Die Religion der Kanaaniter soll ein Fruchtbarkeitskult gewesen sein. Als herrschender Gott war Baal, was »Herr« bedeutet, und zwar Herr von Heiligen Quellen, Bäumen, Tieren, Steinen und schließlich auch des Himmels.

---

[5] Wüste Paran ist Zufluchtsort von Hagar und Ismael
[6] Die antike Hauptstadt der Nabatäer
[7] Gen 9,24-25: Als Noah aus seinem Rausch erwachte und erfuhr, was ihm durch seinen zweiten Sohn Ham widerfahren wurde, sagte er: »Verflucht sei Kanaan.«

Neben Baal wird die Göttin Astarte in Form von Kultpfählen und Altären, Aschera genannt, verehrt. Die Kanaaniter opferten Menschen und Tieropfer auf sogenannten Höhen (Berghöhen). Die alttestamentliche Elite Israels bezeichnete diese Praxis als Götzendienst.[8] und Hurerei.[9]

• Der Altar:

Der Altar ist keine biblische Einrichtung; er gehört zum Allgemeingut vieler Naturvölker. Er ist ein heiliger Ort, indem man Einkehr und Ruhe findet.[10] Der beschriebene Altar steht auf einer Höhe und befindet sich in einem Waldstück bzw. in einem Hain (ein schräges Waldstück?). Als Opfergut dienten kultisch reine Tiere. Der erste Mensch, der einen Altar baute, war Noah. Es heißt in Gen 8,20: »Dann baute Noah dem Herrn einen Altar, nahm von allen reinen Tieren und von allen reinen Vögeln und brachte auf dem Altar Brandopfer dar.«

Der erste Alter, den Abraham baute, war in Sichem

---

[8]vgl. 1.Könige 12,26-33

[9]Ri 2,13: »Als sie (die Juden) den Herrn verließen und dem Baal und den Astarten dienten [...].«

[10]Jos 24,26: »Josua schrieb all diese Worte in das Buch des Gesetzes Gottes und er nahm einen großen Stein und stellte ihn in Sichem unter der Eiche auf, die im Heiligtum des Herrn steht.«

(Gen 12,7), der zweite in Beth-El (Gen 12,8), der dritte in Hebron (Gen 13,18) und der vierte im Land Morija (Gen 22,9). (Nach 1.Chronik 6,42 hießen Sichem und Hebron Zuflucht- oder Asylstädte.)

Das Orakel hat verschiedene Namen:

LÜ:	Eichen More
Elberfelder:	Terebinthe More
NGÜ:	Terbebinte Mores
N.Herz:	Eiche des Weisers
L.Zunz:	Terebinthen-Hain Moreh
Bibellexikon:	Terebinthenhain des Lehrers
Richter 9,37:	Zaubereiche (LÜ)

Tabelle 12.2. Verschiedene Namen für das Orakel

Terebinthe (*Pistacia terebinthus*). Kleiner Baum mit 5 Meter Höhe, der im Mittelmeerraum häufig vorkommt. Luther übersetzt den kleinen Baum mit »Eiche«.[RM]

12.1. Abraham und Sarah in Ägypten

Der zweite Abschnitt umfasst zehn Verse. Es wird die Reise Abrahams, Sarahs und Lots nach Ägypten beschrieben. Anlass der Reise war ihre Hungernot in Südlande oder Negev. Als die dürren Gräser im Negev abgefressen waren, zog er nach Ägypten. Anderseits hätte er die fruchtbaren Euphrat-Auen besuchen können. Es gab in Kanaans mehrere Stämme, die auch Viehherden hatten und ebenfalls von Ort zu Ort zogen. Es werden die Keniter, die Kenasiter, die Kadmoniter, die Hetiter, Perisiter, der Rafaïter, die Amoriter, die Kanaaniter, die Girgaschiter, die Hiwiter und die Jebusiter (Genesis 15,19-21) erwähnt.

Abraham wird von dem Reichtum Ägyptens gehört haben. Es heißt in Vers 10, »um dort zu bleiben.« Eine genaue Zeitdauer wird nicht genannt. Es werden keine genauen Ziele und Zeiten genant. Wie Abraham sich mit Ägyptern verständigte, wird nicht gesagt. Schließlich liegt der Turmbau zu Babel ein paar Jahrzehnte zurück. Es heißt ja in Kap. 11,7: »Der HERR stieg herab, um die Sprache zu verwirren.«

Als sich Abraham Ägypten näherte, bittet er seine Frau, sich als seine Schwester auszugeben. Er hatte Angst, um sein eigenes Leben (Gen 12,12). Die Attraktivität Sarahs spielt bei der Erzählung eine gewisse Rolle. Trotz Falten und Viehgeruch, hatte Sarah Wohlgefallen gefunden. Über das Alter der beiden Eheleute zum Zeitpunkt der Reise nach Ägypten, kann man nur gefolgert werden. Als Abraham den Boden Kanaans betrat, kann man sein Alter mit 75 Jahren folgern. Sarah war 10 Jahre jünger (Kap 17,17). Die Hungersnot und damit die Reise nach Ägypten könnte sich fünf Jahre später zugetragen haben. Also war Abraham 80 Jahre und Sarah 75 Jahre alt.

Jedenfalls liefen die Wachleute zum Pharao und priesen die Schönheit Sarahs. Ob der Chef der Wache so einfach zu ihrem Herrscher gehen konnte, ist unwahrscheinlich. Kurzum: Der Herrscher ließ Sarah holen und führte sie in seinen Harem ein. Der ägyptische Herrscher war möglicherweise selbst im hohen Alter, um Gefallen an der Granddame zu haben. So kam zum Techtelmechtel mit deutlichen Folgen.

Der ägyptische Herrscher behandelte Abraham gut um Sarah willen. Der Erzvater bekam Rinder, Ziegen, Schafe, Kamele und einige Esel. Es werden sogar Knechte und Mägde genannt. Abraham kam so zum Reichtum. Er war reicher, als er vorher gekommen.

Mit Vers 17 tritt eine Wende im Geschehen ein. Als Pharao mit Sarah Geschlechtsverkehr hatte, (Vers 19), kommt es umgehend zu Plagen. Der Pharao bekam die Krätze, Diarrhö und Syphilis in einem Atemzug. Der Herrscher war schlaff und lag krank zu Bett. Mit matter Stimme ließ er Abraham holen und fragte ihn: »Warum hast du verschwiegen, dass Sarah deine Frau sei.« Er forderte aber die Geschenke nicht zurück, was man erwarten konnte. Es geht aber nicht darum, Sarah als schön und begehrenswert zu finden, sondern Ägypten zu strafen. Als Israel 430 Jahre Sklaven im Land des Pharaos war, ist die Rache doppelt und dreifach groß auszufallen. Zum Schluss des Kapitels haben die Knechte des Pharaos Abraham, Sarah und Lot sogar noch das Geleit gegeben.

Zusätzliche Infos:

• Der Begriff Pharao geht auf das ägyptische Wort »Per aa« (»großes Haus«) zurück, was ursprünglich weder ein Herrschertitel noch ein Eigenname ist, sondern die Bezeichnung für den königlichen Hof und den Palast.[Wik] Der König Ägyptens, namentlich der Pharao Merenptah[11] (1224-1204 v. Chr.) war der erste Monarch, der den Namen Israel (Ysrjr) erwähnt. Auch in der folgenden Inschrift ist von Israel die Rede:

Es stehen noch weitere Worte auf der Stele. Hier nur kurze Sätze: »[...] Die Häuptlinge werfen sich nieder und rufen šalem [...] Tjehenu[12] ist erobert. Hatti (Hetither) ist befriedigt. Kanaan ist mit allem Übel erbeutet. Askalon ist herbeigeführt. Gezer ist gepackt. Januammu[13] ist zunichte gemacht. Israel (Ysrjr) ist verwüstet und hat kein Saatgut mehr. Alle Länder sind insgesamt in Frieden.«[Wik]

• Es gibt weitere Aussagen zum Pharao Merenptah.

Sein Großvater war Sethos, sein Vater Ramses II. Der Totentempel des Merenptah hieß auch das »Millionenjahrhaus«. Damit wird gesagt, er starb nicht einfach, sondern wanderte zum Horizont und

---

[11]Ba-en-re Mer-jetjern; Geliebter der Götter, die Seele des Re. Merenptah war der dritte Sohn von Ramses II.

[12]Tjehenu ist die altägyptische Bezeichnung für eine nordlibysche Region.

[13]Akkadische Form eines westsemtischen Ortsnamens.

lebte dort eine Million Jahre. Selbst im Judentum gibt es den Begriff »Scheol« (griech Hades). Es ist die Vorhölle. Dann folgt die eigentlich Hölle, wo das ewige Feuer brennt. Das ist eine alles verschlingende Macht der Vergänglichkeit. Nach alter christlicher Vorstellung war dieser Ort eine Vorqual.

Die ägyptischen Wachmannschaften waren für die Verteilung der Stammesfürsten zuständig. Es heißt:

> »Wir sind damit fertig geworden, die Schasustämme von Edom durch die Grenzfestung Sukkot des Pharao Merenptah passieren zu lassen bis zu den Teichen des Pithom des in Tkw, um sie und ihr Vieh auf der großen Besitzung des Pharao, der guten Sonne eines jeden Landes, am Leben zu erhalten.«

Die Grenzfestung Sukkot wird in der Bibel erwähnt. Es heißt in Exodus 13,37: »Die Israeliten brachen von Ramses nach Sukkot auf.«

• »Die Söhne Hams sind Kusch[14], Ägypten, Put und Kanaan«, heißt es in Genesis 10,6. Die Abstammung

---

[14]Das ehemalige Reich Kusch gehörte früher zum Sudan; Kasch = ägyptisch Nubien.[Wik]

von Ham dürfte der Grund gewesen sein, warum ihre Stämme im Land Kanaan zu Schaden kamen. Das gilt bei der Annahme von Realem.

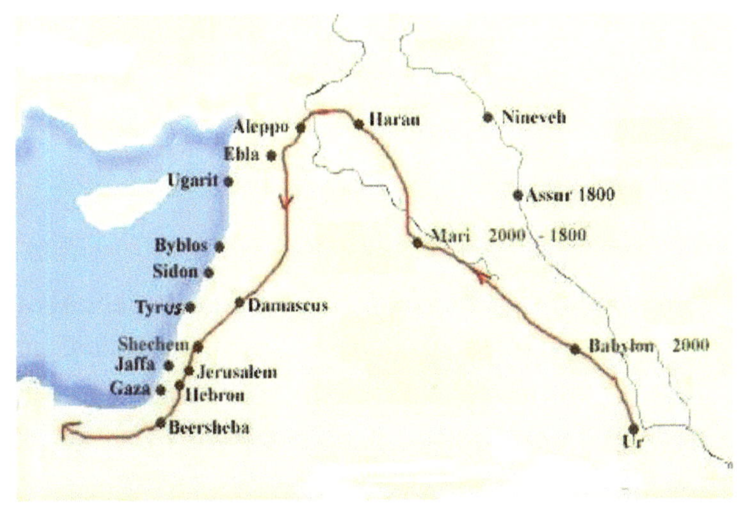

Abbildung 12.1. Wanderungen Abrahams

KAPITEL 13

ABRAHAM UND LOT

DAS 13. Kapitel beschreibt die Rückkehr Abrahams und Lots aus Ägypten. Das Kapitel umfasst 18 Verse und ist in zwei Abschnitte unterteilt. Im ersten Abschnitt geht es um das Verhältnis der beiden Männer. Im zweiten Teil werden die Verheißungen Gottes an Abraham erneuert. In diesem Kapitel geht es auch um die Verteilung von Hab und Gut.

Verse 1–13:

Bei der Rückkehr zog man zunächst über den Negev (einen anderen Weg gibt es nicht) bis hinauf nach Bet-El. Die Stadt hieß früher Lus (Gen 28,19). Dort hatte Abraham den zweiten Altar gebaut. Die erste Person, die den Namen des Herrn anrief war Enosch

(Gen 4,26). [1] Abraham rief den Namen des Herrn
an.

Im Buch Exodus 20, 22–26 wird ein alttestament-
licher Altar beschrieben. Es gibt Altäre aus Erde
und Stein. Aber es soll keine von Menschenhand
behauene Steine geben. Man soll auch nicht auf
Stufen hinaufschreiten. Man hätte sonst die Blöße gesehen. Unterhosen gab's ja nicht. Unter dem
heutigen Altar versteht man verschieden geformte
Tische, auf denen Kerzen stehen, begleitet mit einer aufgeschlagenen Bibel. Im Hintergrund können
verschiedene Glasmalereien zu sehen sein.

Der Besitz von Abraham und Lot kommt zur Sprache. Bei Abraham spricht man von Vieh, Gold und
Silber. Die Aufzählung von Edelmetallen ist neu.
Bei den Aufzählungen fehlen allerdings Knechte
und Mägde. Bei Lot wird weniger aufgezählt. Bei
ihm werden nur Schafe, Rinder und Zelte aufgeführt. Es dürfte fraglich sein, ob die Ägypter noch
in Zelten wohnten. In dem Moment, indem der
Mensch sesshaft wurde, baute er sich ein zu Hause.

Dann heißt es, das Land sei zu klein für ihre beiden

---

[1] »Auch dem Set wurde ein Sohn geboren und er nannte ihn
Enosch (Mensch). Damals begann man den Namen des
Herrn anzurufen.«

Viehherden. Zusätzlich zu ihren Vieh werden noch andere Wanderhirten ihre Herden geweidet haben. Es werden u.a. Perisiter und Kanaaniter erwähnt. (Josua 11,3) Es kommt zum Streit zwischen den beiden Hirten. Es heißt zwar: »Wir sind Brüder, lass uns nicht streiten. Trenne dich von mir. Gehst du zur Linken, gehe ich zur Rechten. Gehst du zur rechten Seite, gehe ich zur Linken« (Vers 9).

Abraham Worte hören generös an. Er ließ Lot freie Auswahl. Lot entschied sich für die fruchtbare Jordangegend. Er baute seine Zelte bis nach Zoar hin auf (Südspitze des Toten Meeres). Von Sichem bis nach Zoar können es etwa 50 Km sein. Abraham ließ sich in Kanaan nieder. Gemeint ist wohl das kanaanitische Bergland.

Der letzte Vers des Abschnitts (Vers 9 lautet: »Die Leute von Sodom sündigten schwer gegen den HERRN.« Offenbar wohnten dort lauter derbe Sünder. Die Frage, warum Abraham Lot nicht gewarnt hat, als er nach Sodom zog, kann nicht beantwortet werden, weil das Geschehen Irrealität angehört. Es geht mit Abraham aufwärts, mit Lot abwärts.

Gottes Verheißungen an Abraham

Verse 14–18:

Nachdem sich Abraham von Lot getrennt hatte, kommen die Gelehrten zu Wort: »Schau auf, Abraham! Das Land, das du siehst, will ich dir und deinen Nachkommen geben.« Abraham blickte nach Norden und Süden, nach Osten und Westen, soweit sein Auge reichte – er sah die Breite und Höhe des Landes; das soll ihm und seinen Nachkommen für immer gehören? Und seine Nachkommen sollen so zahlreich sein wie der Staub auf der Erde. Wer den Staub zählen kann, wird seine Nachkommen zählen können. Allerdings waren sein Nachkommen nicht so zahlreich. Es reichten gerade mal 10 Finger der beiden Hände aus, um seine Nachkommen zu zählen.

Die Herren der Lehrhäusern saßen im babylonischen Exil und formulierten: »Mach dich auf und durchziehe das Land nach seiner Länge und Breite!« Abraham durchzog nicht das Land, sondern baute seine Zelte bei den Terebinthen Mamres auf.[2] Dort errichtete Abraham einen Altar und betete an.

---

[2]Terebinthhte ist ein Harz, das als Chios-Terpentin in den Handel gebracht wurde.[RM]

KAPITEL 14

ABRAHAM UND MELCHISEDEK

DER biblische Text wird mit dem 14. Kapitel fortgeführt. Es enthält wieder zwei Abschnitte. Im ersten rettet Abraham seinen Enkel Lot aus einer Konfliktsituation. Im zweiten Teil wird Abraham vom kanaanitischen Priester mit Namen Melchisedek gesegnet. Die Beschreibung, König von Salem, hört sich recht geheimnisvoll an. Die jüdischen Gelehrten hatten aus Jerusalem Salem gemacht. Man wollte einer Stadt (Jeruschalajim) einen alten Anstrich geben.[1]

Im ersten Abschnitt werden antike Herrscher beschrieben. Die geheimnisvollen Herrscher haben das Zweistromland und Palästina für sich bean-

---

[1]Die Altstadt ist in ein jüdisches, christliches, armenisches und muslimisches Viertel eingeteilt, umgeben von einer Mauer.

sprucht. Als Anlass werden ausbleibende Tribut-
zahlungen angenommen. So kam es zu kriegerische Auseinandersetzungen. Abraham verfügte
über eine ausgebildete Mannschaft von 318 Mann,
die in seinem Haus geboren wurden (Kap 14,14).
Das Kapitel wird äußerlich durch die Anwesenheit
Abrahams bekleidet. Er ist der eigentliche Held der
Sage. Als er schließlich zurückkehrt, kommt ihm
der kanaanitische Priester mit Namen Melchisedek
entgegen. Er gesegnete ihn, nachdem er den 10.
Teil von der besten Beute erhalten hat. Waren gegen Segen. [2] Melchisedek erhielt die Königswürde.
Das Kapitel umfasst 24 Verse, von den zunächst
neun näher betrachtet werden.

Verse 1-9:

Die folgende Liste umfasst Könige und ihre »Königreiche«, soweit bekannt sind. Was als Königreiche bezeichnet wird, außer Kedor Laomer, können Stammesälteste gewesen sein. Die hohen jüdischen Autoritäten lebten während des babylonischen Exils und wussten wovon sie sprechen: Der
Herrschertitel »König« war ihnen bekannt.

---

[2]Wenn das Geld im Kasten klingt, die Seele in das Himmel-
reich springt.

Amrafel, König von Schinar	Bela, König von Zoar
Arjoch, König von Ellasar	Bera, König von Sodom
Kedor–Laomer, König v. Elam	Birscha, König von Gomorra
	Schinab, König von Adma
Tidal, König der Völker	Schemeber, König v. Zebojim

Tabelle 14.1. Die beiden feindlichen Gruppen

Könige der linken Gruppe: (Das angreifende Heer.)

• Der König Amrafel:

Der König von Schinar gilt als geheimnisvoller Herrscher. Nicht sein Name ist einer näheren Betrachtung wert, sondern das Land Schinar wird in Genesis 10,10 erwähnt. Dort ist von Nimrod die Rede.

Gen 10,10:

»Kerngebiet seines Reiches war Babel, Erech, Akkad und Kalne im Land Schinar.«

Nimrod war ein Enkel Hams.

Das Land Schinar steht im Kontext zum Turmbau zu Babel.

Gen 11,1-4:

»Alle Menschen hatten die gleiche Sprache und gebrauchten die gleichen Wörter. Als sie von Osten aufbrachen, fanden sie eine Ebene im Land Schinar und siedelten sich dort an. Sie sagten zueinander: Auf, formen wir Lehmziegel und brennen wir sie zu Backsteine. So dienten ihnen gebrannte Ziegel als Steine und Erdpech als Mörtel. Dann sagten sie: Auf, bauen wir uns eine Stadt und einen Turm mit einer Spitze bis zum Himmel und machen wir uns damit einen Namen, dann werden wir uns nicht über die ganze Erde zerstreuen.«

Solch ein gewaltiger Bau steht im Gegensatz zu den Zelten des alten Israel. Wer hoch baute, musste mit dem Gott Israels in Konflikt geraten. Als es schon verschiedene Sprachen gab, könnte die Sprachwirrung durch Hochbau einesteils und Zelte andererseits begründet sein.

• Der König Arjoch:

Ein weiterer König ist Arjoch. Von ihm ist in der Geschichte nichts zu finden. Selbst das Land Elassar gibt es nur in der Erzählung. Es gibt in der Bibel zwei Hinweise. Im Buch Judit 1,6 steht folgender Text.

Judit 1,6:

»Arphaxad schlossen sich alle Bewohner des Berglandes an sowie alle, die am Euphrat und Tigris, am Hydaspes und im Flachland des Elamiterkönigs Arjoch wohnten; es waren viele Völker, die zum Aufgebot der Söhne Chelëuds zusammenströmten.«

Der König Arjoch ist im Buch Judit ein Elamiterkönig. Im Buch Daniel trägt Arjoch den Namen eines Scharfrichters. Offenbar sind solche Namen bekannt.

• Der König Kedor-Laomer:

Die vier Könige, die die Allianz der angreifenden Kriegsscharen bilden, werden durch den geheimnisvollen Kedor-Laomer angeführt. Er ist der eigentliche Feldherr, während die anderen Könige mehr Erfüllungsgehilfen sind.

König Leor-Laomer stammt aus dem Land Elam. Das Volk wohnte in den heutigen Gebieten Irans und Afghanistans. Sie lieferten sich kriegerische Auseinandersetzungen mit den Ländern Mesopotamiens. Elam bzw. die Elamiter werden mehrmals in der Bibel erwähnt. Elam gilt als ein Sohn Sems.

Genesis 10,22:

»Die Söhne Sems sind Elam, Assur, Arpachschad,

Lud und Aram.«

Aufschlussreich ist eine weitere Bibelstelle. Im Buch Jeremia heißt es in Kap 49,34-36

Jeremia 49,34-36

»Das Wort des Herrn gegen Elam, das zu Beginn der Regierung Zidkijas, des Königs von Juda, an den Propheten Jeremia erging. So spricht der Herr der Heere: Seht, ich zerbreche den Bogen Elams, seine stärkste Waffe. Ich bringe über Elam vier Winde von den vier Enden des Himmels. In alle diese Winde zerstreue ich sie, sodass es kein Volk gibt, zu dem nicht Versprengte aus Elam kommen. Ich jage den Elamitern Schrecken ein vor ihren Feinden, vor allen, die ihnen nach dem Leben trachten. Unheil lasse ich über sie kommen, meinen glühenden Zorn – Spruch des Herrn. Ich schicke das Schwert hinter ihnen her, bis ich sie vernichtet habe. Ich stelle meinen Thron in Elam auf und vernichte dort König und Fürsten – Spruch des Herrn. Aber in ferner Zukunft wende ich Elams Geschick – Spruch des Herrn.«

• Der König Tidal:

Der Herrscher wird der König der Völker genannt.

Ein König dieses Namens ist unbekannt. Es wird auch nichts über die Völker gesagt. Vorstellbar ist, dass es sich um ein Heer von Söldnern, Freiwilligen, und ehemaligen Strafgefangenen handeln könnte. Das Bibellexikon[RM] spricht von heidnischen Heeren, die an der Seite Kedor-Laomers ins Feld zogen. Den Namen Tidal bringt das »Lexikon der Bibel«[Ger] mit einem Hethiterkönig Tudhalijas in Verbindung. Allerdings ist die Blütezeit der Hethiter längst vorbei. Die Episoden Abrahams dürften um 600 - 550 v.Chr. verfasst worden sein. Es war die Zeit des babylonischen Exils, als die Juden heimatlos und ehrlos waren. Es musste ein Stammvater erdacht werden, auf den sie berufen könnten.

Könige der rechten Gruppe: Das verteidigende Heer.

Die fünf Könige der zweiten Gruppe, kommen vorwiegend aus der Gegend um das Tote Meer. Dort befindet sich auch das Tal Siddim, das jetzt »Salzmeer« heißt. Der Ort Zoar, der in Vers 3 angegeben wird, hieß früher »Bela« und gehört auch zu den Stämmen rund um das Tote Meer.

• **Die Könige Bela, Bera und Birscha:**
Bela war König des gleichnamigen Ortes. Der Ort

wurde in später in Zoar umbenannt. Die ehemalige Ortschaft liegt an der Südspitze des Toten Meeres. Ein gleichnamiger König findet sich in Genesis 36,32 :

Genesis 36,32:

»In Edom regierte Bela, der Sohn Beors; seine Stadt hieß Dinhaba.«

Im Buch der Chronik wird noch einmal darauf Bezug genommen.

1.Chr 1,43:

»Die Könige, die in Edom regierten, bevor über die Israeliten ein König regierte, waren folgende: Bela, der Sohn Beors; seine Stadt hieß Dinhaba.«

Zu den Königen Bera und Birscha kann man nicht viel sagen. Sie werden der Gegend um das Toten Meer ihr Gebiet gehabt haben. Dort könnten sie Stammesführer gewesen sein. Der Name Birscha hat die Bedeutung von »stark, dicht«. Die sogenannten Könige hatten nicht viel Volks hinter sich. Mussten aber Könige genannt werden, um Eindruck zu erwecken.

• Der König Schinab:

Der Stammesführer heißt: **Schin ist sein Vater.**
Schinab ist der König von Adma. Im Buch Deuteronomium (5.Mose) heißt es in Vers 22:

> **»Schwefel und Salz bedecken es; seine Fläche
> ist eine einzige Brandstätte; es kann nicht be-
> sät werden und lässt nichts aufkeimen; kein
> Hälmchen kann wachsen; alles ist wie nach
> der Zerstörung von Sodom und Gomorra, Ad-
> ma und Zebojim, die der Herr in seinem glü-
> henden Zorn zerstört hat.«**

• Der König Schemeber:

Der König von Zebojim, den Kedorlaomer und seine Verbündeten in der Tiefebene Siddim besiegten
(Gen 14,1-11). Wenn man das Wort Schemeber in
zwei Silben auflöst, ergibt sich daraus Schem-Eber.
»Schem« heißt soviel wie Ruf, Ansehen, Prestige
und »Eber« gilt als Ahnherr verschiedener semitischer Stämme (Gen 10,21-25).

12 Jahre zahlten die Volksführer Tribut, im 13. Jahr
wurden sie ausgesetzt. Dann nehmen die angreifenden Könige Aufstellung und rücken vor.

Im Vers 10 werden die Könige von Sodom und Gomorra angeführt. Sie hatten keinen Kampfeswillen, fielen bei ihrer Flucht in ihre eigenen Asphaltgruben. Sie werden rabenschwarz ausgesehen haben. Wer aber zog sie heraus, da sie später eine kleine Nebenrolle bekleidet haben. Die anderen Könige vom Toten Meer flohen ins Gebirge.

Kedor-Laomer und seine Verbündeten hatten vorher die Landschaften um Achterot-Karnajim, die Susiter in Ham, die Emiter in der Ebene von Kirjatajim und weitere Völker militärisch besiegt. Das Heer um Kedor-Laomer schreitet gegen die fünf Könige. Kedor-Laomer, eine Art antiker Napoleon, war der unumschränkte Herrscher der mesopotamischen Landschaften. Wer sich ihm entgegenstellte, hatte mit Konsequenzen zu rechnen. Diese Heere konnten nach Gutdünken schalten und walten, wie es ihnen gefiel. Da die Könige von Sodom und Gomorra außer Gefecht waren, hatte Lot keinen Schutz mehr. Er war dem angreifenden Heer hilflos ausgeliefert. Sie könnten ohne Mühe seinen Besitz mitnehmen.

Jetzt wendet sich das Blatt. Abraham tritt in Erscheinung. Ein Entflohener kommt und erzählt dem sogenannten Stammvater, was vorgefallen ist. Er spricht Abraham mit »Hebräer« an. Die Bezeichnung ist das erste Mal in der Bibel. In der jüdischen Übersetzung heißt diese Gruppe »ibri«. Abraham kann auch mit »Eber« (Gen 10,24) oder mit » Heber« übersetzt werden. (Gen 46,17)[3]

im Vers 13 werden »Hebräer« genannt.

Abraham ist die erste Person, die so genannt wurde. Zur Namensgebung gibt es drei unterschiedliche Versionen. Die erste Aussage besteht in der Namensverwandtschaft mit »Heber« (Gen 10,21) oder »Eber«(1.Chr 1,18). Die zweite Bibelstelle hat die Aussage: »Die den Euphrat überschritten haben.« Unser Wissen über die Hebräer ist dürftig. Im AT werden die Hebräer *ibri* genannt. Die dritte Aussage lautet: Hebräer ist ein Gattungsname. In Jeremia 34,9.14 heißt es: Es sollte jeder seine hebräischen Sklaven und seine hebräische Sklavin freilassen und keiner sollte mehr seinen hebräischen Stammesbruder als Sklaven halten."

Die Frau Potifars nennt Josef Hebräer (Gen 39,14). Das kann ihr aber nicht von selbst eingefallen sein. Jüdische Gelehrte haben auch hier die Feder

---

[3]Num 26,45: »Vom Stamm Heber stammen die Heberiter.« ab.

geführt.

Die beiden israelitischen Historiker und Autoren Irael Finkelstein und Neil Asher Silberman[FS02] bringen eine weiteres Volk, Habiri genannt, ins Gespräch. Es kann sich um eine gleichklingende Umlautung handeln. Habiri kann auch Habiru heißen. Sie werden in den »Tel el-Amarna« Texten als Desperados geschildert. Sie überfielen Siedlungen. Darum sind sie stets flüchtig, niemals sesshaft geworden. Solche Leute ziehen von einem Ort zum anderen. Man war ruhe- und gleichzeitig ruchlos.

Nachdem die Kunde von der Gefangennahme Lots bekannt geworden war, sortieren sich die Gegenkräfte. Zu diesen gehören die drei Brüder, Aner, Eschkol und Mamre. Sie gehörten zum Volk der Amoriter, einem Stamm der Kanaaniter. Es heißt, sie waren Abrahams Bundesgenossen. Es kam zur Bündelung der Gegenkräfte. Der Name »Eschkol« wird in 4.Mose (Numeri) 13,23;24;32,9 als Traubental bezeichnet.

Wie viele Kriegsmänner, die drei Brüder zum Kriegszug beigetragen haben, wird nicht gesagt. Mit »Mamre« lautet die gleichnamige Orakelstätte. Bei Ausgrabungen hat man einen 65 x 50 Meter großen

Bezirk aufgedeckt, der einen Brunnen, einen Baum und einen Altar umschloss. An dieser Stätte konnte das ehemalige Orakelum »Mamre« gestanden haben. Hinzu kommen noch die Kriegsmänner von Sodom und Gomorra. Auch die drei Brüder haben sich mit Männern am Kampf beteiligt. Das geht aus dem Vers 24 hervor.

Abraham spielte die Hauptrolle in der Erzählung. Er verfügte über eine stattlich ausgebildete Mannschaft von 318 Soldaten. »Sie waren in seinem Haus geboren«, heißt es. Die Zahl lässt aufhorchen. Sie wird nur hier genannt. Was wird es mit den 318 Männer auf sich haben? Man hätte ja von rund 300 Kriegsmänner sprechen können. Addiert man die einzelnen Posten zusammen, ergibt sich die Zahl 12. Hiermit dürften die 12 Stämme Israels gemeint sein.

Wir können zu den biblischen Zahlen nicht die Bedeutung beimessen, die die Jehudis damit haben. Sie haben zu Zahlen eine andere und tiefere Bedeutung. Zumal hebräische Buchstaben auch Zahlen beinhalten. Es gibt »Nachzähler« oder »Nachrechner«. Man spricht von »Sopherim«. Der »Sopher« ist ein Schriftkundiger oder Schriftgelehrter (Mebin). Das System, auch die »Masora«, wurde in Gelehrtenschulen gelehrt. Das zeigt die Verbindung von Buchstaben und Zahlen.

Die Befreiungsarmee macht sich auf den Weg. Man hatte die Absicht, Kedor-Laomer und seine Verbündeten besiegen zu können. Als es Nacht war, teilten sich die kämpfenden Parteien in zwei Gruppen auf. Die eine Abteilung verfolgte die feindlichen Heere bis nach Hoba. Der Ort dürfte eher Zoba geheißen haben. Die Stadt liegt nördlich von Damaskus. Die andere Gruppe verfolgt Kedor-Laomer und seine Vasallen bis nach Dan. Der Ort liegt gerade um die Ecke.

Dan ist eine Person und gleichzeitig eine Ortschaft und gleichzeitig der Name des gleichnamigen jüdischen Stammes. Dazu gibt es einen interessanten Einblick:

Der Enkel Abrahams, Jakob, hat mit Bilha, seiner Magd, einen Sohn gezeugt, den Rahel, Jakobs Lieblingsfrau, Dan nannte (Genesis 30,6). In den Lehrhäusern wurden verschiedene Versionen festgehalten. Der Ort »Dan« liegt südlich von Damaskus. Die Entfernung von Dan bis nach Zoba beträgt runde 100 km. Das zeigt, welche Wege man beschritt. Welche Waffen man trug, über welchen Proviant man verfügte, all das wird nicht gesagt. Über Kedor Laomer und seine Verbündeten wird nichts mehr gesagt. Ob sie umgekommen sind oder sich neu formiert haben, darüber wird ebenfalls nichts gesagt. Hauptsache ist, Abraham geht als Sieger hervor.

Das heutige Damaskus hieß zu Zeiten des Alten Orients Aram-Damaskus. Die Aramäer sind aus der syrischen Wüste und gekommen und haben sich nach Süden und Norden hin ausgebreitet. Die Stadt Damaskus wird nach den Inschriften des Pharao Thutmosis III. (1490–1436 v. Chr.) erstmals erwähnt. Die Namensgebung könnte sich um 1400 v. Chr. zugetragen haben. Die Hauptstadt des heutigen Syriens wird auch die »Perle des Orients« genannt. Die Stadt kann auf eine 6000 Jahre Geschichte zurückblicken. Die Stadt ist auch bekannt für den damaszenischen Stahl. Dieser hat zwei hervorragende Eigenschaften: Eine gute Härte bei gleichzeitig guter Elastizität. Heute kann man nur noch Imitate kaufen. Die Waffen haben heute Seltenheitswert. Noch ein weiteres Material ist mit dem Namen Damaskus verbunden: Es ist der Damaststoff (damast = dimašq). Damaskus ist die islamische Stadt, in der die wenigsten Frauen voll verschleiert auf öffentlichen Straßen gehen. Die Stadt hat wegen ihrer Kultur einen hohen Stellenwert. Übrigens, der Stoff »Musselin«, kommt aus Mossul. Das zeigt den Reichtum der Städte und Gewerke des Alten Orients. Als Europa noch im Dunkel der Geschichte lag, von Amerika war noch keine Rede, gab es bereits blühende Landschaften zwischen Euphrat und Tigris. Heute hat der Islam mit seinen verschiedenen Ausprägungen nicht mehr die Bedeutung erlangt, die sie ehemals hatte. Heute herrscht Krieg.

Aramäer sprechen bekanntlich aramäisch. Hierzu eine Aussage aus der Bibel:

Die hohen jüdischen Persönlichkeiten konnten sich mit der aramäischen Sprache mit den Herren aus Damaskus verständigen. Da der einfache Mensch die aramäische Sprache nicht beherrschte, konnten die jüdischen Persönlichkeiten – am Volk vorbei – mit den Herren verhandeln. Es lag die Absicht vor, das Volk in Unkenntnis zu lassen und am ihm vorbei zu regieren. Der Sachverhalt ist im Buch Jesaja 36,11 nachzulesen. Das erinnert mich an die heutigen Politiker.

Jesaja 36,11:

»Da sagten Eljakim, Schebna und Joach zu dem Rabschake: Sprich doch aramäisch mit deinen Knechten! Wir verstehen es. Sprich vor den Ohren des Volkes, das auf der Mauer steht, nicht judäisch mit uns!«

Der Rabschake ist ein hoher assyrischer Würdenträger. Auch heute verhandelt man hinter verschlossenen Türen. Das Volk soll von dem nichts mitbekommen. Es ist geheim, weil es wertlos sein kann.

Hauptsache an dem Stück: Lot wurde befreit. Er bekam seine Frauen und seinen ganzen Besitz zurück.

Im Buch Richter (19,10) wird der Name »Jebus« angeführt (Jebusiter). Jerusalem ist eine jüdische Stadt (die zum Stamm Juda gehörte). Die Silbe »J« ist typisch für Land und Leute. Zum Beispiel Jericho, Jaffa, Jerusalem; Personen wie Juda, Josef, Jesus, Jesus-Sirach Jesaja, Jeremia, Joel, Ijob, Jerobeam, Jehu, Joram, Josia, Joasch, JHW uam. verwenden gleichzeitig den Anfangsbuchstaben »J«.

Als Abraham und die drei amoritischen Brüder

und die Könige vom Toten Meer vom Siegeszug
zurückkehrten, gingen sie in das sogenannte Scha-
wetal, das jetzt Königstal hieß. Das Tal dürfte das
heutige Kidrontal sein. Dieses Tal liegt zwischen
der Altstadt Jerusalem, dem Tempelberg und dem
Ölberg.

Johannes 18,1:

> »Nach diesen Worten ging Jesus mit seinen
> Jüngern hinaus auf die andere Seite des Ba-
> ches Kidron. Dort war ein Garten; in den ging
> er mit seinen Jüngern (Lehrlingen) hinein.«

Dann betritt ein Mann die Bildfläche, der den Namen Melchisedek trägt. Er wird König von Salem
und Priester des höchsten Gottes genannt. Er brachte Brot und Wein heraus und segnete Abraham und
sprach: »Gesegnet sei Abraham vom Allerhöchsten
Gott, der Himmel und Erde geschaffen hat.« Deshalb gab ihm Abraham den 10.Teil von der besten
Beute (Hebräer 7,4).

Nachdem Abraham gesegnet wurde und Melchisedek Anteile von Beute bekam, kommt es zum
abschließenden Erzählung. Der König von Sodom
hatte die Befürchtung, dass, nachdem Melchisedek

Anteile der Beute erhalten hat, nicht mehr viel für sie übrigblieb. Abraham aber sagte: »Ich schwöre beim Gott des Himmels und der Erde, dass ich weder Faden noch Schuhriemen behalten will. Was dir gehört und was du gewonnen hast, soll dir gehören. Du sollst nicht sagen, ich habe Abraham reich gemacht. Dann werden die drei kanaanitischen Brüder erwähnt, die ebenfalls ihren Anteil erhielten«.

KAPITEL 15

GOTTES BUND MIT ABRAHAM

Nachdem Abraham von Melchisedek gesegnet wurde, wird dieser Segen in diesem Kapitel erweitert. Dieser Vorgang hängt mit der Ankündigung eines Sohnes zusammen. Das wird in den Versen 1–8 gesagt. In einer weiteren Mitteilung, die Verse 9–17 umfassen, ist die Segnung mit einem Vertrag gekoppelt.

In einer Vision spricht der Herr zu Abraham, er soll sich nicht fürchten. Er will ihm sein Schutzschild sein. Der Lohn wird sehr groß sein, heißt es weiter.

Zu Anfang der Episode kommt der Herr zu Wort. Im Judentum spricht nicht Gott, sondern der Ewige oder der Allmächtige. Das Kapitel hat einen nahezu mystischen Charakter.[1] in Verbindung zu Gott zu

---

[1]Mystik, Geheimlehre, besondere Form der Religiosität, bei

gelangen sucht.

Bemerkenswert ist ferner: Auf eine Anfangsrede folgt ein Gespräch. Gott und Abraham spielen sich gegenseitig die Bälle zu. Rede, Gegenrede und Antworten wechseln sich ab. Das Gespräch wird in eine bestimmte Richtung gelenkt. Bei diesem Gespräch werden weder Zeiten noch Orte genannt. Nur Mitteilungen stehen an erster Stelle.

Unvermittelt, wie aus heiterem Himmel kommend, kommt Abrahams Kinderlosigkeit zur Sprache. Und obwohl er – nach biblischer Aussage – mit 75 Jahren immer kinderlos ist, wird man die Situation mit einem Fragezeichen versehen. Ein Anführer einer Sippe, dem Greisenalter nahe, der immer noch kinderlos ist, ist alle andere als leicht zu verstehen. Natürlich hat die Person, die den Namen Abraham trägt, recht schaffend un gut zu sein.

Zur der Kinderlosigkeit angesprochen sagt Abraham zur Ehefrau, sie sei immer noch unfruchtbar. Jetzt scheint Abraham selbst davon betroffen zu sein. Man spielt sich gegenseitig die Bälle zu. Die Gelehrten ergreifen das Wort. Sie lassen Gott spre-

---

der der Mensch durch Hingabe und Versenkung persönliche Vereinigung mit Gott zu gelangen sucht.

chen: »Nicht der Knecht Eliëser wird dein Erbe sein, sondern dein eigener Sohn.«

So wird die Anfangsrede, sich nicht zu fürchten, übergeleitet in Abrahams Kinderlosigkeit. Dann wird ihm ein Sohn verheißen. Das ist der Inhalt der ersten vier Verse.

Das Vorhaben, zu einem eigenen Sohn zu kommen, wird nicht weitergeführt. Stattdessen wird Abraham ins Freie geführt. Er soll seinen Blickt zum Himmel richten; er soll die Sterne zählen. So zahlreich sollen seine Nachkommen sein. Die Sterne zu zählen, ist einfacher gesagt als getan. Man kann ja nicht einmal die Zahl der Galaxien zählen, geschweige denn die Sterne dazwischen zu zählen.

So werden aus einem angekündigten Sohn viele Söhne. Während Abraham mit seinen Zelten hin und her zog, wird das bei seinen Erben nicht anders sein. Das Land der Kanaaniter wird ihm zugesagt. Das führt zu Streit. Dieser Streit über Land und Leute geht bis in die heutige Zeit. Frieden scheint nicht möglich zu sein.

Der Herr führt weiter aus: »Ich habe dich aus Ur in Chaldäa geführt, um dir dieses Land zu

Eigen zu geben.« Es zeigt sich aber, dass Abraham nicht nach Ur in Chaldäa zog. Statt dessen wird in Gen 24,4.10 beschrieben, wie der Knecht Abrahams fortgeschickt wurde, mit der Weisung eine Frau für Isaak zu holen. Wörtlich heißt es:[2]

- Mesopotamien = Land der zwei Flüsse
- Aram-Naharajim = Die Stadt Nahors[3]
- Paddan-Aram = Heimat Betuels, Labans usw.
- Harran = Stadt am oberen Euphrat

Verse 8-16:

Abraham fragt, woran er erkennen soll, dass ihm das Land Kanaan als Eigentum gehören soll? Die Antwort: Als Israel im babylonischen Exil war, waren sie wohl heimat- als auch ehrlos. Die Elite war in Babylon. Man suchte nach einer neuen Identität.

In den weiteren Versen folgt ein eigenartiger Vertrag: »Der Herr sagt zu Abraham: Hole mir eine dreijährige Kuh, eine dreijährige Ziege und einen dreijährigen Widder. Hole mir eine Turteltaube

---

[2]»Du sollst vielmehr in meine Heimat zu meiner Verwandtschaft reisen und eine Frau für meinen Sohn Isaak zu holen«; Vers 10: »Der Knecht nahm zehn von den Kamelen seines Herrn und machte sich mit allerlei kostbaren Sachen seines Herrn. Er machte sich auf, zog nach Mesopotamien zum Aram-Naharajim.«
[3]Als Nahor nicht mehr lebte, wurde daraus Paddan Aram.

und eine junge Taube.« Die Kuh, die Ziege und den Widder teilte er in zwei Hälften auf und ordnete sie gegenüber an, so dass eine Art Gasse entsteht. Die beiden Vögel zerteilte er nicht und ordnete sie jeweils einer Gruppe zu. Als das geschehen war, ohne dass man ihn dazu aufgefordert hat, kamen Raubvögel herbei, um die Tiere zu fressen. Abraham verscheuchte sie.

Als das geschehen war, begann die Sonne am Horizont unterzugehen. Auf Abraham kam ein tiefer Schlaf, Schrecken und große Finsternis überfiel ihn. Dieses Situation ist erforderlich gemacht zu werden; denn in dieser Lage spricht der HERR zu ihm: »Wisse, deine Nachkommen werden in einem Land wohnen, das ihnen nicht gehört. Sie werden dort Fremde sein und als Sklaven 400 Jahre dienen und dann mit großer Habe ausziehen. Du aber wirst im guten Alter heimgehen und mit deinen Ahnen versammelt sein. Erst die vierte Generation wird hierher zurückkehren; denn das Maß der Sünden der Amoriter ist noch nicht voll.«[4] Der Vers 15 ist von weiterem Interesse. Abraham konnte nicht mit

---

[4] Wann ist das Maß voll? Als Amoriter gelten Aner, Mamre und Eschkohl, die Abrahams Bundesgenossen waren (Gen 14,13).

den Ahnen versammelt sein. Nach Kapitel 23 hat er von einem Hethiter namens Efron ein Erbbegräbnis für seine Frau Sarah gekauft. Dort wurde er später von seinen Söhnen selbst beerdigt. Seine Väter sind in Harran gestorben. Es gab keine Ahnen, die in der Höhle Machpela beerdigt worden seien. Das ist aber für den Epos erforderlich gesagt zu werden.[5]

Verse 17-21:

Jetzt war die Sonne ganz untergegangen. Es war stockfinster geworden. Ein rauchender Feuerofen und eine Feuerfackel erscheinen; sie fuhren durch die Fleischstücke hindurch. Eine gespenstische Situation wird hier beschrieben. Das ist der Vertrag zwischen Gott und Abraham. Das soll die Zugehörigkeit des Landes Kanaan beschreiben.

Der HERR spricht zu Abraham: »Deinem Samen gebe ich dieses Land: Vom Grenzbach Ägyptens bis zum großen Strom Euphrat. Es ist das Land der Keniter, der Kenasiter, der Kadmoniter, der Hetiter, der Perisiter, der Rafaïter, der Amoriter, der Kanaaniter, der Girgaschiter, der Hiwiter und der Jebusiter.«

Diese Stämme sollen besiegt werden, damit sich die

---

[5]Epos = umfangreiche Erzählung.

Jehudis ungehindert ausbreiten können. Sie sollen das Land bekommen – laut Vertrag. Ist der Gott der Jedudis ein strafender Gott? Der Holocaust ist die Folge der Zerstreuung in die Länder Ägyptens und Europas. Vom HERRN her soll das geschehen sein?

Zusätzliche Infos:

• Nacht, stockfinstere Dunkelheit, Schrecken und Angst begleiteten Abraham. Da Gott aber Licht und keine Finsternis ist, wer sprach in der rabenschwarzen Nacht zu ihm?

• Im Vers 13 wird von 400 Jahren gesprochen. Man meinte damit die Dauer der Juden in Ägypten. In Galater 3,17 ist die Rede von 430 Jahren. Warum wird der Auszug aus Ägypten mit großer Habe beschrieben. Erhält ein Knecht große Habe, wenn er das feindliche Land verlässt?

• Vertrag: Zur damaligen Zeit konnten die Menschen weder lesen noch schreiben. Einer von beiden Seiten geschlossener Vertrag könnte aus einem Ritual bestehen. Nach Genesis 31,44–54 ist von einem Vertrag zwischen Laban und Jakob die Rede. Man häufte Steine zu einem Richtmal auf. Weder

Jakob noch Laban durften die Grenzessteine überschreiten. Hätte man damals Mörtel gehabt, hätte man eine Mauer gebaut. Keiner hat die Absicht eine Mauer zu bauen.

• Vertrag 2: Der Prophet Jeremia[6] schreibt im Kapitel 34, 18-20 von einer Nicht-Einhaltung eines Vertrages: »Ich mache die Männer, die mein Abkommen verletzt und die Worte der Abmachung, die sie vor mir getroffen hatten, nicht gehalten haben, dem Kalb gleich, das sie in zwei Hälften zerschnitten haben und zwischen dessen Stücken sie hindurchgegangen sind.«

• Vom Grenzbach Ägyptens bis zu großen Strom Euphrat. Das kann bis zur Stadt Harran reichen. Damit dürfte die Entfernung rund 800 Kilometer betragen. Die Leute hatten schon damals Wissen über Land und Leute. Abraham war tausende Kilometer unterwegs. Von der alten Ruinenstadt Ur bis nach Kanaan sind es rund 800 km. Daher stellt sich die Frage, wie weit kann ein Mensch bei klarem Wetter sehen?

Vom chaldäischen Harran bis zum Bach Ägyptens ist es wegen der Erdkrümmung nicht möglich, so

---

[6]Der weinende Prophet

Augenhöhe	800 m	1000 m	2000 m	3000 m	4000 m	8000 m	9000 m
Sichtweite	114,8 km	121,0 km	171,1 km	209,6 km	242,0 km	342,3 km	363,0 km

Abbildung 15.1. Sichtweite

weit zu sehen. So ist das beschriebene Land eine später festgelegte Grenze.

ISMAELS GEBURT

Im 16. Kapitel wird die Geburt Ismaels beschrieben. Das Kapitel umfasst 16 Verse.

Mit Beginn des Kapitels wird Sarahs Unfruchtbarkeit nochmals erwähnt (Kap 11,30). Sie konnte keine Kinder gebären. Sie hatte aber eine ägyptische Magd, Hagar mit Namen, die jung und gebärfreudig war. Sarah sprach zu Abraham: »Der Herr hat mich verschlossen; Kinder zu bekommen, das ist mir verwehrt. Gehe zu meiner Magd ein, vielleicht bekomme ich durch sie zu Nachkommen.« Und Abraham hörte auf die Stimme Sarahs.

So gab Sarah ihre Magd Hagar ihrem Mann zum Weib. Bald darauf wurde Hagar schwanger. Welch freudiges Ereignis! Nach einiger Zeit konnte das stetig wachsende Bäuchlein nicht übersehen werden. Offenbar schaute Hagar geringfügig auf Sarah herab. Sarah wurde wütend. Ihre Stirn zog sich in Sorgenfalten. Ihren Zorn und Unbehagen teilte sie Abraham mit und sprach: »Der HERR sei Richter zwischen mir und dir.«

Abraham sollte endlich etwas zu tun, was er nicht tun wollte. Und was machte der Erzvater? Er fiel, bildlich gesprochen, um. Und er sprach: »Siehe, ich gebe Hagar in deine Hand. Tue mit ihr, wie es dir beliebt.« Nicht ist schlimmer, als »wenn Weiber werden zu Hyänen. Und treiben mit Entsetzen Scherz.« Das wird ein wahres Hühnergegacker gewesen sein. Dann suchte Hagar das Weite, bevor noch Schlimmeres geschah.

Die ägyptische Magd machte sich auf und ging auf dem Weg nach Schur. Dort, bei einem Wasserbrunnen, pflegte ein Engel die Bildfläche zu betreten. Er fragte: »Magd Hagars, woher kommt du und wohin willst du?« Die Fragen des Engels waren formeller Natur. Er wusste ja, was geschehen war. Er war der Kommunikator der jüdischen Schule. Er wusste um die Situation, stellt aber Fragen. Hagar antwortete wahrheitsgemäß: »Ich bin vor meiner Herrin geflohen.« - Dann sagt der Engel zu ihr:

• Kehre um und demütige dich unter ihre Hand.
• Wenn du zurückkehrst, will ich deinen Samen mehren.
• Ich sehe, du bist schwanger. (Woher wusste er das? Er gab sich ja ansonsten unkundig.)
• Du wirst ein Sohn gebären. Ismael soll sein Name sein.(Woher wusste der Engel, dass sie einen Sohn bekommen soll?)
• Dein Sohn wird ein wilder Mensch sein.

Vers 14: Aus einem Engel wird ein HERR, El Roi. Hagar sagte: »Du bist Gott, der mich sieht.« Darum nannte sie den »Brunnen des Lebendigen der mich sieht.« Der Brunnen liegt zwischen Kadesch und Bared (Kadesch-Barnea).

Hagar gebar dem Abraham einen Sohn.[1] Der Engel, der Herr, oder Abraham gab den noch zu geborenen Sohn den Namen Ismael. Abraham war 86 Jahre alt, als das geschah.

---

[1]Bei einer Trennung von Mann und Frau bleiben die Kinder beim Vater. Das ist bis heute islamisches Recht. Die Ehefrau geht in der Regel leer aus.

Zusätzliche Infos:

Abraham hat eine Frau und zwei Halbfrauen. Das dürfte damals keine Seltenheit gewesen sein. Im aramäischen Harran lebte ein Mann mit Namen Laban (vgl. Gen 29,4). Er hatte zwei Töchter. Die eine hieß Lea, die andere Rahel. Beide Frauen hatten jeweils eine Magd. Jakob, der Enkel Abrahams, hatte mit den beiden Frauen und mit ihren Mägden zwölf Söhne gezeugt. Diese gelten als die zwölf Stämme Israels. Die Mägde der beiden Frauen werden positiv dargestellt. Sie stammen aus dem aramäischen Harran. Jakob hatte vier Frauen. Nach islamischen Recht kann ein Mann vier Frauen haben. Das gilt bis heute.

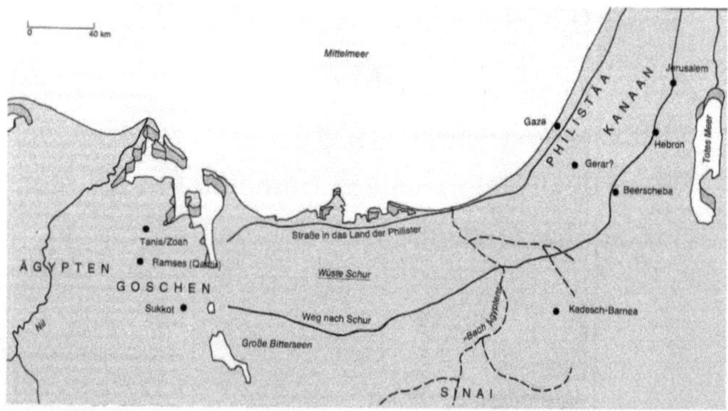

Abbildung 16.1. Hagar flieht in die Wüste Schur

KAPITEL 17

DIE BESCHNEIDUNG

Iɴ dem Kapitel geht es um die Beschneidung (lat. Zirkumzision; jüd. Bert Mila = Bund der Beschneidung). Das Kapitel hat 27 Verse. In den ersten zehn Versen werden die Vorzüge Abrahams in den Vordergrund gestellt. Das wurde bereits im 15. Kapitel gesagt. Außerdem enthält das Kapitel keine Wanderungen Abrahams. Wo die Beschneidung stattgefunden hat, wird auch nicht gesagt. Es könnte sich um das kanaanitische Bergland gehandelt haben.

• Verse 1-9:

Bereits mit dem zweiten Vers ist von einem »Bund« die Rede. Ein Bund ist Vertragsteil wischen zwei Personen oder Firmen. Der Bund der Beschneidung ist der Mittelpunkt des Kapitels.

War Abraham bei der Geburt Ismaels 86 Jahre alt, wird jetzt ein Sprung in das 99. Lebensjahr gemacht. Was sich dazwischen ereignet hat, wird nicht gesagt. Der HERR spricht: »Geh deinen Weg vor mir her und sei rechtschaffen. Wenn du das tust, werden dir viele Nachkommen verheißen. Das Land Kanaan wird dir und deinen Nachkommen gehören.« Mit dem Vers 15 kommt es zur Umbenennung. Aus Abram wird Abraham und aus Sarai wird Sarah. Das ist mit der Geburt Isaaks gekoppelt.

• Verse 10-14:

Der jetzige Bund Gottes mit Abraham ist die Beschneidung. Das betrifft das männliche Glied. Dieser Bund hat alttestamentliche und religiöse Ursachen. In Ländern wie Indien, China, Europa, Australien, Südamerika ist die Beschneidung unbekannt. Gott hat den Menschen ohne Beschneidung geschaffen.

Die Beschneidung gehört zur Identität und gilt als Zugehörigkeit zu einer Gemeinschaft. Umgekehrt kann gesagt werden: Wer sich nicht beschneiden lässt, der soll aus dem Gemeinschafft ausgeschlossen werden. Die erste Person, die im Zelt Abrahams beschnitten wurde, war Ismael (Kap 17,23). Wer

Abraham beschnitten hat, als er 99 Jahre alt war, wird nicht gesagt.

Wenn man den Text liest, ist man ergriffen von der Rigorosität der Ausführungen. Es gibt im Text weitere Eigenarten. Es sind die Ich-Worte. Die zweite Auffälligkeit ist das Wort »Bund«. Dieses Wort steht mit der Beschneidung im Kontext.

Die Ich - Worte:

1. Vers 1: Ich bin Gott, der Allmächtige
2. Vers 2: Ich will meinen Bund schließen zwischen mir und dir und dich zahlreich machen
3. Vers 4: Das ist ein Bund zwischen mir und dir
4. Vers 5: Denn ich habe dich erwählt
5. Vers 6: Ich mache dich sehr fruchtbar
6. Vers 7: Ich schließe einen Bund zwischen dir und mir
7. Vers 8: Ich will dir und deinen Nachkommen ganz Kanaan geben
8. Vers 16: Denn ich will Sarah segnen
9. Vers 19: Ich will mit Isaak den Bund schließen
10. Vers 20: Wegen Ismael habe ich dich erhört

Zu beachten sind zwei weitere Besonderheiten. Mit Vers 2 will Gott einen Bund mit Abraham schließen.

Mit Vers 21 wird einen Bund mit Isaak aufgerichtet. Mit Jakob wird der beschlossene Bund aktualisiert (Kap 28). Man könnte von einem »Dreigestirn« sprechen: Abraham, Isaak, Jakob. Nach der Wüstenwanderung betritt Mose die Bildfläche. Wenn Abraham nur literarische Existenz hat, dann bezieht sich das auch auf Ismael, Isaak und Jakob.

Bund der Beschneidung:

1. Vers 2: Ich will einen Bund stiften
2. Vers 4: Das ist mein Bund: Du wirst Stammvater...
3. Vers 7: Ich schließe einen ewigen Bund mit dir und mir
4. Vers 9: Du aber halte meinen Bund...
5. Vers 10: Das ist mein Bund, alles, was männlich ist...
6. Vers 11: Das soll zum Zeichen meines Bundes, Vorhaut beschneiden
7. Vers 13: Mein Bund, dessen Zeichen die Beschneidung ist...
8. Vers 14: Wer sich nicht beschneiden lässt, hat meinen Bund gebrochen...
9. Vers 19: Ich will meinen Bund mit Isaak auf-

richten...

10. Vers 21 Meinen Bund aber schließe ich mit Isaak...

Zwei Besonderheiten gibt es noch: Im Vers 2 will er einen Bund mit Abraham aufrichten. In Vers 21 schießt er einen Bund mit Isaak. Das Wort »Beschneidung« hebr. **berit**, wird vom arabischen **Zer-Schneidung** abgeleitet. Eine weitere Aussage ist das Lateinische : **circumcido** und bedeutet **rings abschneiden**.

- **Josua 5,2-3:**

»Damals sagte der Herr zu Joshua: Mach dir Steinmesser und ordne wieder eine Beschneidung der Israeliten an, eine zweite! Da machte sich Joshua Steinmesser und er beschnitt die Israeliten auf dem ›Hügel der Vorhäute‹.«

Die zweite Beschneidung setzt eine erste voraus. Bei der vierzigjährigen Wüstenwanderung wurde offensichtlich die Beschneidung ausgesetzt. Während der Herrschaft der Makedonen, der Griechen, haben die Juden bei sich die Beschneidung rückgängig gemacht. Das sagt der Vers im 1. Makkabäer Buch:

- **1.Makkabäer 1,15:**

»[...] und ließen bei sich die Beschneidung rückgängig machen. So fielen sie vom heiligen Bund ab, vermischten sich mit den fremden Völkern und gaben sich dazu her, Böses zu tun.«

Eine weitere Bibelstelle erzählt von der Beschneidung und der Sammlung von Vorhäuten:

- **1.Samuel 18,25:**

»Saul antwortete: So sollt ihr David sagen: Der König möchte keine andere Brautgabe als die Vorhäute von hundert Philistern, um an den Feinden des Königs Rache zu nehmen. Saul plante nämlich, David den Philistern in die Hände fallen zu lassen.«

Vorhäute spielen eine weitere Rolle. Das zeigt der folgende Text:

2.Samuel 3,14:

»Dann schickte David Boten zu Ischbaal (Ischboseth), dem Sohn Sauls, und ließ ihm sagen: Gib meine Frau Michal heraus, für die ich die hundert Vorhäute der Philister als Brautpreis bezahlt habe.« Daraufhin bekam David die Tochter Sauls zur Frau.

1.Samuel 18,27:

»Als David sich auf den Weg machte und mit seinen Leuten zog; er erschlug zweihundert von den Philistern, brachte ihre Vorhäute zum König und legte sie vollzählig vor ihn hin, um sein Schwiegersohn zu werden. Und Saul gab ihm seine Tochter Michal zur Frau.«

So lässt sich zusammenfassen: Die Beschneidung ist neu. Die Umbenennung ist neu. Die Ankündigung eines gemeinsamen Sohnes ist neu. Die rigorose Aussage der Beschneidung ist konstruiert worden, um zu einem Stammverband zu kommen. Wer sich nicht beschneiden lässt, der soll ausgeschlossen werden. Er hat keinen Anteil mehr an der Gemeinschaft. Abraham aber wird nicht sesshaft; er wanderte immer weiter hin und her.

Abrahams Kinder:

Nachkommen und Erben Abrahams: Die Umbenennung von Sarai zu Sarah geschieht zur Geburt Isaaks. In dieser Situation lacht Abraham wegen seines hohen Alters und fragt, ob ein Hundertjähriger noch Kinder zeugen und ob die neunzigjährige Sarah noch Kinder bekommen kann. Wie dem Text zu entnehmen ist, glauben die Eheleute selbst nicht mehr daran. Ein Hundertjähriger gilt als Opa und die neunzigjährige Sarah als Oma. Sarah ging es nicht mehr nach Frauenweise. Sie hatte keine Periode mehr und konnte keine Kinder bekommen. Alles hat seine Zeit. Dazu gehört auch das Gebären. Das sagt Kohelet (Prediger) 3,2.

Nach dem 25. Kapitel hat sich Abraham eine weitere Frau genommen, die den Namen Ketura trug. Söhne gelten als Nachkommen, Töchter werden weniger geachtet Die Söhne heißen Simran, Jokschan, Medan, Midian, Jischbak und Schuach. Wenn man bei der fortlaufenden Kapitelnummerierung fortschreitendes Lebensalter angenommen wird, müsste Abraham runde 120 Jahre alt gewesen sein, als er diese Söhne zeugte. Das kann als unwahrscheinlich gelten. Er und seine Frau hatten bereits bei der Geburt Isaaks Bedenken gehabt. Bekanntlich wurde bei der Ankündigung der Geburt Isaaks auf das hohe Alter der Eheleute hingewiesen. Daher ist anzunehmen, dass die Beziehung zu Ketura bereits in Harran bestanden hat. Midian ist der Stammvater der Midianiter, Ismael der Ismaeliter. Beide Stämme hatten beim Verkauf von Josef ihre Hand im Spiel. Die genannten Personen waren gestandene Männer. Sie lebten vom Handel. Sie hatten bei der Vermittlung von Sklaven und Mägden ihr Hand im Spiel. Das war offenbar damals ein lohnendes Geschäft.

Die Zirkumzision ist ein religiöses Ritual. Es mag zur Zugehörigkeit zu einem Volksstamm gelten. Das war eine Art Legitimation. Auf der anderen Seite wird es kaum heißen: Zeige mir dein Glied mal sehen, ob du wirklich beschnitten bist.

Die letzten Verse wiederholen den Vorgang, ohne dass etwas Neues geboten wird.

Die Verse 23-27:

Abraham beschnitt seinen Sohn Ismael mit dem 13. Jahr Lebensjahr. Abraham selbst wurde mit dem 99. Lebensjahr beschnitten. Wer das getan hat und wie sich das bei ihm anfühlte, wird nicht gesagt. Isaak wurde mit dem achten Lebenstag (Kap. 21,4) beschnitten. Nur von der Bescheidung der Söhne Abrahams mit Ketura wird nichts gesagt. Bei der Geburt Isaaks werden diese Söhne mit Geschenken nach Osten geschickt. Sie sollen nicht Erben sein. Sie stehen außen vor.

KAPITEL 18

GOTT ZU GAST BEI ABRAHAM

Das vermeintliche Leben Abrahams wird zwischen den Ortschaften Mamre (Hebron), Sichem, Ägypten, Gerar, Burg Zion und Beerscheba beschrieben. Das Leben Abrahams ist ein Wanderleben. Nach der biblischen Schilderung hat Abraham tausende Kilometer zurückgelegt. Das Leben antiker Viehhirten hat nichts Statisches an sich. Wenn es heißt, Haran starb bereits in Ur, erinnert das zwar an Ur, aber das Leben spielt sich in Harran ab. Ur ist berühmt, Harran wirkt eher belanglos.

Das 18. Kapitel beschreibt einige Eigenarten und Besonderheiten. Es sind weitere Erzählungen eingeflochten. Die erste Erzählung berichtet vom Besuch von »drei Männern« und geht über in den »Herrn«. Welche Lösungen bieten sich an: Angenommen werden kann, dass einer drei Männern der Wortführer gewesen ist. Er wird als der ›Herr‹ vorgestellt. Dieser Herr ist der eigentliche Kommunikator. Bei ihm laufen sozusagen die Fäden zusammen. Er ist für Ab- und Zureden zuständig. Die anderen zwei Männer dürften eher Gehilfen gewesen sein. Übrigens spielt sich die Situation bei glühender Mittagshitze ab.

Die ersten Verse 1-15:

Ort der Handlung ist der Hain Mamre. Bereits im Kapitel 14,13 ist von diesem Ort die Rede. Im Kapitel 15,16 wird von der Schuld der Amoriter gesprochen. Es heißt: Erst wenn die Schuld getilgt ist, die nach 400 Jahre und der 4.Generation eintreten soll, wird jetzt nichts mehr davon gesagt. Bei dieser glühender Mittagshitze saß Abraham vor seinem Zelt. Der erste Vers besagt: »Der Herr erschien Abraham bei den Eichen von Mamre.« Er sieht drei Männer aus dem Waldstück auf ihn zukommen. Abraham begrüßt sie und sagt: »Geht nicht vorbei. Ich werde Wasser holen, dann könnt ihr euch die Füße waschen.« Ich werde auch einen Bissen Brot holen, dann könnte ihr weiterziehen. Abraham unterstellt, dass die Männer nur gekommen sind, um sich satt zu essen. Es mögen Reisende gewesen sein, die ihre Orakelsprüche, Wahrsagungen, Kultgesänge und sonstige allerwelts-Weisheiten gesprochen haben. Mit Vers 6 lief Abraham zu seiner Frau Sarah und gab ihr den Auftrag, aus drei Sea Mehl Fladenbrote zu backen.[1] (Die Dreizahl dürfte bedeutsam sein. Nach Kapitel 15,9 sollte Abraham ein dreijähriges Rind, eine dreijährige Ziege und einen dreijährigen Widder holen. Auch die Dreizahl: Abraham, Isaak und Jakob gehören zu diesen Besonderheiten.)

Mit dem Backen von Fladenbroten alleine ist es nicht getan. Abraham lief zu seinem Jungknecht mit der Maßgabe, ein junges Kalb zu schlachten und zuzubereiten. Als das geschehen war, nahm Abraham noch flüssige Butter und Milch und setzte es den drei Männern vor. Als das frugale Mal abgeschlossen war, hätten sie ihre Reise fortsetzen sollen. Stattdessen fragen sie Abraham nach Sarah. Sie wussten, dass sie Ehefrau Abrahams war. Keiner von ihnen hatte das vorher gewusst. Abraham sagte: »Sie ist dort im Zelt.« Da sprach der Wortführer: »In einem Jahr komme ich wieder, dann hat Sarah einen Sohn.« Noch ist das Kind nicht geboren, so wussten die Herren bereits, dass es ein Sohn sei.

---

[1] 1 Sea Mehl entspricht 13 Liter, 3 Sea also 39 Liter.

Abbildung 18.1. Drei Männer besuchen Abraham

Sollte es aber dazu kommen, lassen sich sich die drei Männer aber nicht mehr sehen. Seltsame Sache. Die Geburt ihres Sohnes wird von den drei Männern nicht begleitet. Als die drei Männer ein Sohn angekündigt haben, stand Sarah hinter ihrem Mann und lachte still in sich hinein. Sie fragte sich: »Sollte eine 90-jährige Frau noch Mutter und ihr 100-jähriger Mann noch Vater werden?«

Verse 13-15: Der Herr fragt, warum lacht Sarah?

Denn sie musste lachen, denn es ging ihr nicht mehr nach Frauenweise. Auch ihr Herr sei ein alter Mann. Sarah lachte hinter dem Rücken ihres Mannes in sich hinein. Der Herr will die innere Überlegung wahrgenommen haben. Daher fragt er: »Sollte Gott etwas unmöglich sein?« Das Lachen ist eine menschliche Eigenart. Die Allmacht Gottes wird dazu im Kontrast gestellt.

Jahwe wird das, was geworden ist, nicht anders machen wollen. Was geschehen ist, ist geschehen. Die Zeit wird nicht mehr zurückgedreht. Wenn ein Mensch 100 Jahre alt ist, wird daraus kein Jungbrunnen werden. Wenn Sarah über Jahrzehnte als unfruchtbar galt, wird man das nicht anders geschehen können.

Abrahams Fürbitte für Sodom

Die zweite Erzählung beschreibt Abrahams Fürbitte für Sodom. Im biblischen Text ist von Gomorra die Rede. Sodom ist der Sinnzusammenhang. Sodom und Sodomie gelten als schwere Sünde, als Verfehlung ersten Ranges.

Die Verse 16-33:

Die drei Männer erhoben sich von ihrem Platz und wandten sich Sodom zu. Abraham ging mit. Wir wissen nicht, wo Sodom und Gomorra liegt. Es wird an der Ost- oder Westseite des Toten Meeres vermutet. Die Wanderung von Mamre bis dahin beträgt rund 40 bis 50 Km. Der Herr kommt zu Wort. Er ist der Wortführer bzw. der Kommunikator. Er spricht zu sich selbst:»Soll ich Abraham verschweigen, was ich vorhabe?« Schließlich soll er zu einem großen Volk werden. Nachdem der Herr gegen den Sippenvater Einwände geltend gemacht hat, nimmt er lautes Geschrei zwischen Sodom und Gomorra wahr. Er will sich selbst überzeugen, ob es sich so verhält.

Zwei Männer wandten sich Sodom zu, nur Abraham blieb noch vor dem Herrn stehen. Abraham trat näher, obwohl er nahe genug gestanden hatte, kommt es zu einem Handel. Abraham ist jetzt der Wortführer und der Herr der Antwortende.

Ein eigenartiger Handel:

• Abraham fragt: Willst du den Gerechten mit dem Gottlosen dahinraffen? Vielleicht gibt es fünfzig Gerechte in der Stadt. Willst du den ganzen Ort vernichten?

• Der Herr sagt, das sei ferne. Ich werde Sodom und Gomorra nicht vernichten um der fünfzig Gerechte willen.

• Abraham fragt: Sollte es fünfundvierzig Gerechte geben. Willst du die Stadt verbrennen und vom Untergang verschonen?

• Abraham fragt von Neuem. Vielleicht gibt vierzig Gerechte in der Stadt?

• Der Herr antwortet: Auch um der vierzig Gerechte willen ich die Orte vorm Gericht verschonen.

• Wieder fragt Abraham. »Ach Herr, dass ich noch weiter frage. Sollte es dreißig Gerechte in der Stadt geben.«

• Der Herr entgegnet: Auch um der dreißig willen, gehe ich vorüber. Ich verschone die Stadt um deinetwillen.

• Abraham fragt: »Ach Herr zürne nicht. Willst du die Städte wegen der zwanzig Gerechten vernichten?«

• Der Herr stellt richtig. Auch wegen der zwanzig Gerechte werde ich nichts unternehmen. Es soll kein Feuer vom Himmel fallen.

• Schließlich fragt Abraham: »Sollte es zehn Gerechte geben.«

• Der Herr antwortet: »Auch um der zehn Gerechte will ich nichts unternehmen.«

Als sich der Herr hinweghob, war das Gespräch beendet. Abraham wird zum Hain Mamre zurückgewandert sein.

Als nächster Handel wäre die Zahl fünf gewesen. Das konnte aber nicht geschehen. Im Kapitel 19,14 werden Schwiegersöhne erwähnt. Damit wären Lot, seine Frau, seine beiden Töchter und die zwei Schwiegersöhne sechs Personen gewesen. Deshalb musste der Handel bei zehn Personen aufhören.

Es gibt hierzu einen Bericht der Frankfurter Allgemeinen Zeitung vom 21.März 2012. Unter der Rubrik »Natur und Wissenschaft« ist zu lesen – hier nur ein Auszug:

Ein Salzsee voller Rätsel

Es wurden Bohrungen am Toten Meer vorgenommen. Bei einer Wassertiefe von 300 Metern arbeite sich ein Bohrgestänge 460 Meter tief in den Untergrund. Bereits bei 250 Metern unterhalb des Wasserspiegels gab es eine Überraschung. Es zeigte sich Salz und Schlamm. Als man noch tiefer bohrte, stieß man unterhalb von 253 Metern auf eine ausgedehnte Schicht von Kieselsteinen. Darunter lag eine 45 Meter dicke Salzschicht. Man nimmt an, dass das Tote Meer bereits einmal wasserlos gewesen war. Die Aufeinanderfolge von Salz- und Schlammschichten führt man auf ein Erdbeben zurück. Nach Ansicht des israelischen Geophysiker Zvi Ben-Avraham (* 1941) können viele in der Bibel erwähnten Katastrophen auf Erdbeben zurückgeführt werden.

Die beiden Autoren des Buchs »Keine Trompeten vor Jericho«[FS02] haben eine ähnliche Meinung.

Bei dem Handel geht es um die Einteilung von Gerechten und Ungerechten. Abraham wird wieder in die Hauptrolle versetzt. Er rettet Lot vor der Vernichtung Sodoms. Es gibt eine weitere Besonderheit zu erwähnen. In der obigen Erzählung handelt es sich um drei Männer. Sie stehen für Abraham, Sarah und dem angekündigte Sohn. Bei der folgenden Episode handelt es sich nur um zwei Männer bzw. um zwei Engel. Es wird ja kein Sohn angekündigt. Der Herr, der Sarah einen Sohn angekündigt hatte, hat sich ja vorhin hinweg gehoben.

KAPITEL 19

ABRAHAM RETTET LOT

Das 19. Kapitel enthält zwei Erzählungen.

Der erste Teil setzt die Berichte von zwei Engeln fort. Es sind auch zwei Männer. Sie wurden bereits im 18. Kapitel erwähnt. Der Inhalt der Erzählung handelt von der Zerstörung von Sodom und Gomorrha. Es wird auch die Rettung Lots und seine beiden Töchter erwähnt. Daran anschließend kommt es zum zweiten Teil der Erzählung. Lot zieht nach Zoar. Aus gewissen Gründen zog von dort fort und ging ins Bergland. Dort kommt es zum Inzest. Das ist geheime Sache. Das war bei Zoar nicht möglich Hier waren Menschen unterwegs.

Die Berichte von Abraham und Lot ähneln sich.

- Abraham sitzt vor dem Zelt (18,1).
- Lot saß im Stadttor von Sodom (19,1).

- Abraham neigte sich zur Erde und begrüßte drei Männer (18,2).

- Lot neigte sich zur Erde (19,1).

- Abraham: wascht eure Füße (18,4)

- Lot: wascht eure Füße. (19,2).

- Abraham-Sara: ließ Brotflaten backen (18,6)

- Lot: Er bereitete ihnen ein Mahl und ließ ungesäuerte Brote backen.

- Abraham: Dann könnte ihr eures Weges ziehen (18,5)

- Lot: Am Morgen könnt ihr euren Weg fortsetzen (19,29).

Verse 1-5:

Die Eröffnungsrede beginnt mit zwei Engeln, die mit Vers 2 in zwei Herren übergehen. In Vers 5 werden sie von den Sodomern gefragt, wo zwei Männern seien. Dann bereitete Lot ihnen ein Mahl und ließ ungesäuerten Brotfladen backen. Wer die Brote gebacken hat, wird nicht gesagt.

Als die Herren sich zum Schlafen niederlegen wollten, pochte es am Eingang der Hütte. Die ganze Stadt Sodoms und aus dem Umland war unterwegs. Vom Kleinen bis zum Großen suchten sie nach Männer mit denen sie Sexualverkehr haben konnten. »Wo sind die Männer, die heute Abend zu dir gekommen sind? Heraus mit ihnen, wir wollen mit ihnen verkehren!«

Der Koran schreibt in Sure 7,80-84:

»Erinnert euch auch des Lot, als dieser zu seinem Volk sagte: Wollt ihr denn solche Schandtaten begehen, für die ihr bei keinem Geschöpf ein Beispiel findet. Wollt ihr denn in lüsterner Begier, mit Hintansetzung des Weibes, nur zu Männern kommen? Wahrlich, ihr seid zügellose Menschen.«

Verse 6-11:

Lot machte die Tür auf und ging zu dem schreienden Pöbel hinaus und sagte: Ihr wollt Unrecht tun. Die zwei Männer sind meine Gäste und stehen unter meinem Schutz. »Ich habe zwei Töchter, die noch keinen Mann erkannt haben, die will ich euch herausgeben. Dann tut mit ihnen, wie es euch beliebt.«[1]

Die schweren und derben Sünder von Sodom greifen sogar Lot an. Sie schrien ihm zu: »Mach dich

---

[1] In Vers 14 redet Lot zu seinen Schwiegersöhnen, die seine Töchter heiraten wollten. Hinweis: Schwiegersöhne sind solche, die Töchter bereits geheiratet haben.

fort. Kommt da ein einzelner Fremder daher und will sich als Richter aufspielen und über uns herrschen. Wir wollen es mit dir noch schlimmer treiben als mit ihnen.« Lot saß unter dem Tor Sodoms (Der hohe Rat der Schreiber unterstellt, dass die beiden Männer bereits Sexualverkehr gehabt hatten.)

Die beiden Männer machten die Tür auf, zogen Lot herein. Dann sperrten sie die Tür wieder zu und ließen eine Dunkelheit kommen. Die derben und herben sodomitischen Sünder fanden den Eingang zur Hütte nicht mehr. Vom lüsternen Geschrei ist nichts mehr zu hören.

Verse 12-22:

Die zwei Männer, die eingangs als Engel genannt wurden, geben sich als Unwissende par exzellente. Sie fragen Lot, ob er noch Schwiegersöhne, Söhne, Töchter oder sonstige Anverwandte habe. Nur die Frau Lots bleibt unerwähnt. »Bring sie weg von diesem Ort; denn wir wollen diesen Ort vernichten.« Sie korrigieren sich aber schnell. »Das hat der Herr beschlossen und sie an die Orte geschickt.«

Als Lot das hörte, ging er zu seinen Schwiegersöhnen, klärte sie wegen der Zerstörung Sodoms auf. Er wollte eine Rettung aussprechen. Aber sie hielten das für loses Geschwätz. Sie blieben in Sodom wohnen. Das musste so sein. Auch Lots Frau wurde zu einer Salzsäule, weil sie zurückblickte. So blieb Lot und seine beiden Töchter übrig, damit sie ungestört Inzucht treiben konnten. Das haben die jüdischen Würdenträger beabsichtigt. Es musste eine Gegnerschaft zum Judentum gebildet werden.

Verse 23-29:

Die beiden Männer treten jetzt als Engel auf, nehmen Lot, seine Frau und seine beiden Töchter bei der Hand und führen sie aus Sodom heraus; sie wollen sie ins Gebirge führen. Aber Lot wagte einen Einspruch. Er zog zunächst nach Zoar, die kleinen Stadt an der Südspitze des Toten Meeres. Als das geschehen war, ließ der Herr auf Sodom und Gomorra Schwefel und Feuer regnen. Lots Frau konnte sich nicht von der gewohnten Gewohnheit trennen; sie schaute zurück und wurde zu einer Salzfigur.

Am frühen Morgen begab sich Abraham von den Terebinthen Mamres an den Ort, an dem er vorher mit einem Herrn zusammengetroffen war. Er schaute auf Sodom und Gomorrha und sah Feuer und Qualm aufsteigen. Die beiden Städte brannten lichterloh. Als die Städte im Begriff standen vernichtet zu werden, erinnerte sich der Herr an Abraham, und er ließ Lot aus dem Feuerqualm fortziehen.

Das ist nicht nötig gesagt zu werden. Denn die beiden Engel hatten schon vorher Lot und seine beiden Töchter aus Sodom geführt. Wo aber sind die Tiere und die Zelte, die Lot in Ägypten gewonnen hatte? Da er in den den fruchtbaren Auen um den Jordan seine Weideplätze hatte, wird das Vieh nicht weniger geworden sein. Von Zelten und Vieh ist jetzt keine Rede mehr. Eine eigenartige Situation.

Die Stammväter der Moabiter und Ammoniter

Verse 30-38:

Lot zog von Sodom und Gomorra nach dem kleinen Ort Zoar. Aber er fürchtete sich in Zoar weiterhin zu bleiben. Er machte sich auf und zog ins Bergland östlich des Jordan. Dort gab es eine Höhle. Licht gab es nicht. Das ist die Geburtsstunde der

Dunkelheit. Lot wollte mit seinen Töchtern im Bergland wohnen. Das Gebirge hat zudem einsam zu sein. Hier sagen sich die Füchse »Gute Nacht«. Wenn Lots Frau und die beiden Schwiegersöhne anwesend gewesen wären, wäre das Leben in der Höhle anders verlaufen.

Es kommt zum Inzest. Wie geschieht das? Die ältere Schwester sagt zur jüngeren: »Unser Vater ist schon alt und junge Männer gibt es nicht in diesem fremden Land.« Geben wir unserem Vater Wein zu trinken, dann gehen wir zu ihm ein. Die Schreibschulen hatten Wein in die Szene eingespielt. Dann hat Lot volltrunken zu sein. Die beide Schwestern haben ihren Vater sexuell erregt, dann setzte sich die Ältere rittlings oben auf. Als ihr Vater eine Ejakulation bekam, hätten die Schwestern sagen können: »Friede Freude Götterfunken.«

Bei der jüngeren Schwester wiederholte sich das Ganze. Wieder gaben sie ihrem Vater Wein zu trinken. Lot war voll des süßen Weins. Beide Schwester regten ihren Vater sexuell an. Dann setzte sich die Jüngere oben auf. Als Lot wieder eine Ejakulation bekam, hatte er das nicht wahrgenommen (Vers 35). Das Ganze freilich ist unwahrscheinlich.

Last but not least: Die beide Schwestern wurden von ihrem Vater schwanger. Hatten wir schon von den sexuellen Verwerfungen von den Sodomer gehört, steht Inzucht jetzt im Plan. Erinnert sei auch an die sexuellen Eigenarten Sarahs in Ägypten. Im nächsten Kapitel steht der Besuch Sarahs und Abrahams beim König Abimelech von Gerar im Vordergrund. Es geht auch hier um Sexualität. Wahrhaftig, die jüdischen Schreibschulen verstehen es, Sex mit אֱלֹהִים (Elohiym), geheiligt sei sein Name, in Einklang zu bringen.

Nach bestimmter Zeit gebar die Ältere einen Sohn, den sie Moab nannte. Das sind die Moabiter bis zum heutigen Tag. Auch die Jüngere bekam einen Sohn, den hieß sie Ben-Ammi. Aus ihm wurden die Väter der Ammoniter.

• Lot spielt in der weiteren jüdischen Stammesgeschichte keine Rolle mehr.

• Es soll eine Gegnerschaft zum Judentum gebildet werden.

• 5.Buch Mose (Deuteronomium = zweites Gesetz) 23,48 : »In die Versammlung des Herrn darf kein Ammoniter und Moabiter aufgenommen werden.«

• Jeremia 48, 1-7: Beschreibung der Zerstörung Moabs und anderer Völker.

• Aber: In dem kleinen Büchlein Ruth wird beschrieben, wie die moabitische Frau die Ahnfrau des Königs Davids wurde.

• In 1.Könige 11,7 wird beschrieben, wie Salomo auf dem Berg östlich von Jerusalem eine Kulthöhe für Kemosch, den Götzen der Moabiter und für Milkom, den Götzen der Ammoniter baute.

• Im Buch Ezechiel (Hesekiel) 21,25 wird vom Schwert der Babylonier gesprochen. Es soll die Richtung des Schwertes angeben werden. Entweder Rabbat-Ammon oder Jerusalem. Nebukadnezar hatte Jerusalem zerstört.

• Die Hauptstadt des heutigen Jordanien ist Amman. Das erinnert an die Ammoniter. Jordanier bezeichnen sich selbst als Rabbat-Ammon.

• 2.Samuel 12,26-31; 1.Chronik 20,1-3. In beiden Fällen wird die Eroberung Rabbat-Ammons durch den Heerobersten des König Davids, namens Joab, beschrieben. David selbst nahm dem König die Krone von Haupt und setzte sie sich selber auf. Was wäre der große König der Juden geworden ohne

Raub der Krone?

• In 1.Chronik 19,1-5 wird beschrieben, wie eine Gesandtschaft vom König David kam, um dem neuen König der Ammoniter,Hanun, zu besuchen. Es ging darum seinem verstorbenen Vater Nahas. Man wollte Beileid und Ehre aussprechen. Hanun aber meinte, die Botschafter seien Spione, die sein Land auskundschaften wollten. Hanun ließ Haare und Bärte der Abgesandten abschneiden. Sogar die Beduinenmäntel wurden hinten abgeschnitten, so dass ihre Pöter und Weiteres sichtbar wurde. Wahrlich, sie sahen aus wie Weiber.»Wir mussten stehen, und ich sah nur die Pöter von fremden Leuten vor mir.« Dem König David wurde das Missgeschick angezeigt. Und er sagte zu ihnen: »Geht nach Jericho, bis eure Bärte wieder gewachsen sind.«

KAPITEL 20

ABRAHAM IN GERAR

IN diesem Kapitel besucht Abraham den König Abimelech in der Ortschaft Gerar.

Verse 1-5:

Es heißt, Abraham brach vom kanaanitischen Heiligtum Hain Mamre auf und wollte in den Negev wandern; er wollte zu den Ortschaften Kadesch und Schur ziehen, machte dann aber einen Umweg und zog nach Gerar. Zunächst wird Abraham als Fremder vorgestellt. Angeblich wusste in Gerar keiner etwas von Abraham. Ungefragt, so wie in den Wind gesprochen, sagte Abraham, Sarah sei seine Frau. Die jüdischen Autoritäten setzen Abimelech in die Szene ein.[1] Also ließ der König das Weib Sarah holen. Eine eigenartige Konstellation zeich-

----

[1]Abimelech wird als König der Philister erwähnt (Kap. 26,1).

net sich wieder ab. Wie auch immer, ein Fremder wird durch Sarah heimisch. Dann heißt es: Der König hat Gefallen an Sarah. Natürlich ging es Sarah längst nicht mehr nach Frauenweise. Nachts erschien der Ewige dem Abimelech im Traum und spricht: »Du musst sterben wegen der Frau, die du dir genommen hast. Sie ist verheiratet.« Dann aber wird beschwichtigt, es heißt Abimelech sei ihr noch nicht nahe gekommen. Taten und Reden sind widersprüchlich.

Der König sagte zum Ewigen: »Willst du ein gerechtes Volk dahinraffen?« Und fragte weiter: »Hat er nicht selbst gesagt, Sarah sei seine Schwester, und sie selbst hat behauptet, Abraham sei ihr Bruder. Mit arglosen Herzen und reinen Händen habe ich das getan.«

Verse 6-10:

Die Schreibschulen sagen: »Ich weiß, dass du das mit arglosen Herzen getan hast, ich habe verhindert, dass du gegen mich verfehlst. Jetzt gibt dem Mann seine Frau zurück. Er ist ein Prophet, der für dich eintritt, damit du am Leben bleibst.«

Abraham wird jetzt Prophet genannt. Wie kann jemand göttlicher Natur sein, aber Lügen verbreiten?

Beim Propheten Jeremia steht folgender Text:

Kapitel 14,14-15:

»Aber der Herr erwiderte mir: Lüge ist, was die Propheten in meinem Namen verkünden. Ich habe sie weder gesandt noch beauftragt, ich habe nicht zu ihnen gesprochen. Erlogene Visionen, leere Wahrsagerei und selbst erdachten Betrug verkünden sie euch (siehe auch 27,14f; 29,8f). Darum spreche ich, der Herr, so gegen die Propheten, die in meinem Namen weissagen, obwohl ich sie nicht gesandt habe, und die behaupten, Schwert und Hunger werde es nicht geben in diesem Land: Durch Schwert und Hunger werden diese Propheten enden.«

Das haben die Priester und Gelehrte der Schreibschulen gewusst, aber es ging um Hintansetzung vom fremden König und seinen Angehörigen.

Am Morgen, vielleicht nicht am nächsten Tag, stand der König von Gerar auf und ließ seine Untergebenen holen. Er erzählte ihnen alles Vorgefallene. Dann wird Abraham geholt. Der König machte ihm Vorwürfe und fragte ihn, was in ihn gefahren sei, eine so große Sünde zu begehen!? Du hast mir etwas angetan, was man nicht tun darf. Was hast du dir dabei gedacht, als du deine Frau mir als

Weib untergeschoben hast? Er hätte auch sagen können: ‹Wahrhaftig, du bist ein lüsterner Senior.›

Verse 11-18:

Abraham entschuldigte sich: »Ich dachte, an diesem Ort gebe es keine Gottesfurcht. Deshalb habe ich meine Frau als meine Schwester vorgestellt. Wir haben den gleichen Vater, aber verschiedene Mütter. Wir sind überein gekommen, überall wohin kommen, sage doch, du seist mein Bruder, damit ich am Leben bleibe.«

Nun aber kommt die Hauptsache an dem Stück: Der König schenkte Abraham Schafe, Rinder, Knechte und Mägde. Und Abimelech sprach: »Mein Land steht dir offen, lass dich dort nieder, wo es dir gefällt.« Und zu Sarah sprach er: »Ich habe deinem Bruder 1000 Silberstücke geschenkt als Wiedergutmachung für unser Techtelmechtel (Gspusi).«

Nachdem Abraham reichlich gesegnet wurde, betete er zu Gott und trat für Abimelech ein. Der Ewige heilte darauf hin jeden Mutterleib im Haus des Königs. Sie konnten wieder gebären.

Damit endet das 20. Kapitel. Zwei alte Personen, gebrechlich wie sie waren, besuchten Abimelech mit dem üblichen Tête-à-Tê

KAPITEL 21

ISAAKS GEBURT

DIE Geburt des Isaaks ist bereits im Kapitel 18,40 angekündigt worden. Den beiden Söhnen Abrahams wird große Bedeutung beigemessen. Die Geburt Isaaks umfasst acht Verse. Einen weitaus größeren Rahmen betrifft wieder die Vertreibung Hagars. Das wird ausführlich berichtet. Es herrscht Neid und Missgunst zwischen den Beteiligten. Diese Merkmale vereinen nicht, sie trennen vielmehr. Religiöse Motive spielen eine weitere wichtige Rolle. Als Hagar zum Überleben verschiedene Brunnen aufsuchte, wusste sie davon, denn sie ist ja mit den Herden Abrahams unterwegs gewesen.

Verse 2-8:

Sarah wurde schwanger und gebar Abraham im

vorgerückten Alter einen Sohn. Abraham nannte den Sohn Isaak; er beschnitt ihn am achten Lebenstag. Abraham war 100 Jahre alt, als das geschah. Damit war Sarah 90 Jahre jung. Es wurde bereits hingewiesen, dass eine Frau in diesem Alter keine Kinder bekommen kann. Wir haben in der Bibel keine Hinweise über eine Halbierung eines Lebensalters gefunden. Sarah soll sogar ihren Sohn gestillt haben. Das Kind wuchs heran und wurde entwöhnt. Abraham veranstalte ein großes Fest. Damit endet die Geburt Isaaks. Der Wirkungskreis Sarahs endet mit der Ausweisung Hagars. Im Kapitel 23 wird von ihrem Ableben erzählt.

Wo spielt sich die Geburt Isaaks ab? Es können sich Sarah und Abraham immer noch beim König Abimelech in Gerar aufgehalten haben. Ein anderer Ort wird nicht genannt. Im nächsten Kapitel (21,22) treffen sich Abraham und Abimelech wieder. Es geht dabei um Brunnenrechte. Gleichzeitig hören nicht mehr von Hagar. Nur von Ihrem Tod wird im 23. Kapitel gesprochen.

Verse 9-21:

Eine fortlaufende zeitliche Kontinuität der Erzählungen ist nicht möglich. Sarah sah, wie der Sohn

Die Einheitsübersetzung:	• umhertollen
Der Luthertext:	• Mutwillen treiben
Tur-Sinai:	• Gespött treiben
Zunz:	• spotten
Elberfelder:	• scherzen

Tabelle 21.1. Mutwillen treiben, spotten

der ägyptischen Magd Hagar mit ihrem Sohn Schabernack trieb. Es gibt verschiedene Ausdrücke dafür:

Als Ismael mit Isaak Mutwillen trieb, wird Ismael bereits auf eigenen Füßen gestanden haben. Isaak wird um die drei Jahre alt gewesen sein. Da Ismael mit dem 86. Lebensjahr Abrahams geboren wurde, wird an sein Alter mit 17 Jahre anzunehmen haben. Ismael war ein junger Mann.

Wie bei Jungen üblich, werden sie sich mit Kräftemessen und mit Springen und Tollen die Tage zugebracht haben. Sarah sah, wie ihr Sohn gegen den 14 Jahre älteren Halbbruder keine Chance hatte. Sarah bekam einen feuerroten Kopf und von Zornesröte gepackt, lief sie aufgeregt zu Abraham und forderte ihn auf: »Endlich etwas zu tun. Treib diese Magd mit ihrem Sohn hinaus. Er soll nicht

Erbe mit meinem Sohn sein.«

Das missfiel Abraham sehr, denn Ismael war auch sein Sohn. Er suchte nach einem Ausweg. Die Schriftverfasser, die das Wort ergriffen, bringen ihren Herrgott ins Spiel. Diese jüdisch-priesterlichen Gelehrten haben Isaak als alleinigen Erbe hingestellt. Dann verließen Hagar und Ismael die Zelte Abrahams. Die Vertreibung ist beschlossene Sache.

Mit Vers 12 heißt: »Es soll dir nicht leidtun wegen des Knaben (junger Mann). Höre auf alles, was dir Sarah sagt.«

Wahrlich, es pflegt eine besondere Situation einzutreten. Aus einem jungen Mann wird ein Knabe. Alle Übersetzer verwenden diesen Begriff. Selbst die Bilder europäischer Maler stellen Ismael als Knaben hin. Er hängt am Rockzipfel seiner Mutter. Offenbar haben diese Künstler den biblischen Text nicht gelesen. Die Schreibschulen freilich, gehen mit der Wahrheit freihändig um. Es heißt wörtlich: »Denn nach nach Isaak sollen deine Nachkommen abstammen. Auch aus Ismael will ich ein großes Volk machen.«

Abraham stand früh am Morgen auf, nahm Brot und ein Schlauch Wasser und legte es Hagar auf die Schulter. Ismael wird zu seiner Mutter gesagt haben, lass mich das Tragen. Dann werden Hagar und Ismael mit tröstenden Worten verabschiedet. Wenig später hat das Wasser im Schlauch alle zu sein. Sie irrten in der Wüste von Beerscheba umher.[1] Bei der ersten Vertreibung hatten sie in der Gegend um Beerscheba einen Wasserbrunnen gesehen. Dann wollen die Schriftverfasser, dass Hagar ihren Sohn, eben das Kind, unter einen Strauch wirft. Es heißt: Sie will einen Bogenschussweit auf Ismael gewartet haben, damit sie sehen konnte, wie er zugrunde geht.

Eine Lösung der Lage tritt unversehens ein: Gott will das Schreien des Knaben gehört haben. Wie das? Der biblische Text klärt und deutet auf verschiedene Weise hin. Gott öffnete Hagar die Augen und sie sah einen Wasserbrunnen.

Die restlichen biblischen Verse sind schnell erzählt. Es soll nicht der ›Gott der Juden‹ erwähnt werden, der das Weinen des Knaben gehört haben will. Es ist einfach so: Wo Büsche sind, gibt es Wasser. Im umgekehrten Fall könnte es keine Büsche geben. Nachdem sie getrunken hatten und die Schläuche

---

[1]Dort will Abraham später noch Jahrzehnte zugebracht haben.

neu befüllt wurden, ließen sich in der Wüste Paran nieder. Hagar soll Ismael eine Frau aus Ägypten ausgesucht haben.

Zusätzliche Überlegungen

Was ist in die Gelehrtenschulen gefahren, Texte so zu schreiben? Es sind mehr Fragen aufgeworfen, als es Antworten gibt? Wie ist es möglich, aus einem jungen Mann einen Knaben zu machen? Dann wäre noch der Ort Beerscheba zu erwähnen. Nach Vers 33 pflanzte Abraham dort eine Tamariske. Es gab also Wasser (Vers 15). Ismael hatte diese Logik erkannt.

Der Vertrag zwischen Abraham und Abimelech

Der Abschnitt umfasst die Verse 22-34.

Die ersten Verse beginnen auf unterschiedliche Weise. Die Schlachter-Übersetzung: »Und es geschah zur selben Zeit.« Die EÜ: »Um jene Zeit.« Luther: »Zu der Zeit.« Diese Zeit umschließt das Techtelmechtel zwischen Abimelech, dem König von Gerar, und Sarah. Auch die Geburt Isaaks fällt in diese Zeit.

Um diese Zeit sagten Abimelech und sein Feldherr Pichol zu Abraham: »Gott ist mit dir bei allem, was du tust.« Darauf folgt das große Aber: »Wir kennen dich. Du hintergehst Menschen.« Es hätte auch heißen können, du bist nicht vorne wie hinten. »Wir haben dir viel Wohltaten erwiesen. Das gleiche hätten wir von dir erwartet. Zumal du ein Fremder bist in unserem Land.« Abraham sagte darauf: »Gut, ich will eure Aussagen beeiden.« So hätte besser heißen können: ›Ich stimme euren Aussagen zu.‹

Mit Vers 25 wendet sich das Blatt. Abraham ergreift das Wort. Der Vorwurf lautet: Abimelechs Mitarbeiter haben einen Brunnen in Beerscheba mit Gewalt an sich gerissen. Es war der Wasserbrunnen, aus dem Sarah und Ismael getrunken hatten. Es wird aber nicht gesagt, ob Abraham den Brunnen selbst gegraben hatte.

Abimelech sagte, bis jetzt habe ich davon nichts gehört. Das, was du sagt, ist für mich neu. Abraham erinnerte sich des Schwurs, den er geleistet hatte. Er gab Abimelech Schafe und Rinder. Damit schlossen sie einen Vertrag. Darüber hinaus stellte Abraham von seiner Herde sieben Lämmer beiseite.[2] Abimelech fragte: »Was sollen diese sieben Lämmer, die du beiseite gestellt hast?« Abraham sagte: »Diese sieben Lämmer sollst du von meiner Hand nehmen, als ein Zeichen, dass ich diesen Brunnen gegraben habe.« Deshalb heißt Beerscheba auch Sieben- oder Eidbrunnen.

Als der Bund geschlossen war, machten sich Abimelech und Pichol auf und zogen in ihr Land zurück. Abraham pflanzte noch ein Tamariske in Beerscheba; er betete den Herrn an. Darauf zog wieder er ins Land der Philister. Er hielt sich dort lange Zeit als Fremder auf.

Damit endet das 21. Kapitel. Abimelech wird nicht mehr König von Gerar genannt, sondern König der Philister (siehe Kapitel 20,1). Auch die Aussage: »hielt sich als Fremder in Gerar auf« lässt sich zeitlich nicht eingrenzen. Eine ähnliche Formulierung erinnert an den Aufenthalt in Ägypten (Kap. 10,1).

---

[2]Die Siebenzahl gilt als vollkommen göttliche Zahl. An sieben Tagen schuf der Herr Himmel und Erde.

ABRAHAMS OPFER

Das 22. Kapitel umfasst 24 Verse. Die Überschrift der EÜ ist nicht eindeutig. Nicht Abraham wird geopfert, sondern die vermeintliche Opferung Isaaks soll eintreten. Die letzten vier Verse 20-24 gehören nicht mehr zum Kapitel. Es wird nämlich auf die Verwandtschaft Abrahams eingegangen. Es wird auch die Herkunft Rebekkas erzählt. Sie ist die künftige Ehefrau Isaaks. In dem vorliegenden Stück spielen Frauen keine Rolle. Die eigentlichen Personen sind Abraham, sein Sohn Isaak und zwei Jungknechte. Von anderen Personen oder Knechten haben wir nichts mehr gehört.

Verse 1-2:

Der Eingangstext lautet: »Nach diesen Ereignissen«: Es wird zurückgeblickt auf Gerar, wo sich

Abraham längere Zeit aufgehalten hat. Nach diesen Ereignissen will Gott den Abraham prüfen. Der Herr spricht: »Abraham.« Er sagte: »Hier bin ich.« Der Herr pflegt weiter zu sprechen: »Nimm deinen einzigen Sohn, den du liebt hast, den Isaak, geh in das Land Morija und opfere ihn dort.«[1] (Es heißt

---

[1]Das Land Morija heißt wörtlich »Gottessicht« und ist ein Berg in Jerusalem. Das geht aus 2.Chr 3,1 hervor: »Salomo begann, das Haus des Herrn in Jerusalem auf dem Berg Morija zu bauen, wo der Herr seinem Vater David erschienen war, an der Stätte, die David bestimmt hatte, auf der Tenne des Jebusiters Arauna.«. Der Erzähler sagt: »Geh auf den Berg Morija, den ich dir zeigen werde.« Der Berg Morija ist gleichbedeutend mit Zion (die heutige Klagemauer). Zion heißt Burg. Verallgemeinert kann man sagen: gesagt: Auf dem Berg gibt es eine Burg.

Verse 2-6:

Am frühen Morgen machte sich Abraham auf, spaltete Holz, lud es auf seinen Esel, nahm seinen Sohn und zwei seiner Jungknechte, sie machten sich auf den Weg. Von Gerar nach Jerusalem sind es gut 100 Kilometer. Nach drei Tagen Wanderung hob Abraham seine Augen auf und sah den Ort von Ferne. Nach einigen weiteren Schritten sagte Abraham zu seinen Jungknechten: Bleibt hier zurück mit dem Esel. Ich und mein Sohn wollen weiter gehen und anbeten. Danach wollen wir wieder euch zurückkommen. Das Holz zum Brandopfer lud er auf seinen Sohn. Wenn ein Sohn Holz trägt, muss er dafür in der Lage sein. Sagen wir 15 Jahre alt. Abraham trug das Messer und den leicht entflammbaren Feuerzunder.

Verse 7-12:

Abraham sagte zu den Jungknechten nicht die ganze Wahrheit. Abraham wollte nicht anbeten, sondern seinen Sohn opfern (Vers 2). Isaak fragte: »Vater, hier ist das Holz,

wörtlich: »Die Opfer der Toten.«)

Auch hier liegt Vergleichbares vor: Psalm 106,37-38: »Sie brachten ihre Söhne und Töchter dar, als Opfer für die Dämonen. Sie vergossen schuldloses Blut, das Blut ihrer Söhne und Töchter, die sie den Götzen Kanaans opferten; so wurde das Land durch Blutschuld entweiht.«

Feuerzunder und das Messer, wo aber ist das Lamm für das Brandopfer?« Abraham sagte daraufhin: »Gott wird für das Lamm sorgen.« Als der besagte Berg, ob darauf eine Burg stand, ist einer späteren Zeit geschuldet. Als es soweit war, baute Abraham einen Altar. Er schichtete das Brennholz drauf, fesselte seinen Sohn, holte Feuerzunder und wollte das Ganze anstecken. Das wäre ein duftender Wohlgeruch für den Herrn gewesen. Bevor das geschah, erscholl der Ruf eines Engel des Herrn: »Abraham, Abraham«rief er. Abraham fragte, »hier bin ich, was gibt es noch zu sagen?« Der Luftraum der zwischen dem Herrn und Menschen besteht, sagte: »Verschone deinen Sohn; denn nun weiß ich, dass du den Herrn lieb hast. Du hättest deinen einzigen Sohn nicht verschont um meinetwillen.«

Abraham wollte Menschenopfer bringen oder durchs Feuer gehen lassen. Das war bei den Kanaanitern üblich, es konnten den Israeliten als Vorlage dienen. Es heißt:

Levitkus 18,21:

»Von deinen Nachkommen darfst du keinen für Moloch darbringen. Du darfst den Namen deines Gottes nicht entweihen. Ich bin der Herr.«[2]

Es gab sogar Kinderopfer. Sie konnten sich ja nicht wehren. So heißt es in Psalm 106,28 heißt es:: »Sie hängten sich an den Báal-Pegór und aßen die Opfer der toten Götzen.«

Verse 13-19:

Nachdem Abraham Isaak vom Scheiterhaufen losgebunden wurde, erscheint ein Widder, der sich mit seinen Hörner im Gestrüpp verfangen hatte. Abraham ging mit seinem Messer hin und schnitt ihm die Kehl durch. Wäre das Tier nicht im Gestrüpp gefangen gewesen, hätte es möglicherweise ein Unglück gegeben.

Dann rief der Engel des Herrn zum Abraham zum zweiten Mal an. Spruch des Herrn: »weil du das getan hast, deinen Sohn mir nicht vorenthalten hast, will ich die Segen schenken in Hülle und Fülle.« Dann folgen die üblichen Segnungen, die bereits an anderer Stelle gesagt wurden.

Die Jungknechte haben gewartet, bis Abraham mit seinem Sohn zurückkehrt ist. Dann zogen die beiden Jungknechte mit Abraham nach Beerscheba. Isaak wird in diesem Zusamenhang nicht mehr erwähnt. Abraham blieb dort bis zu seinem Lebensende wohnen. Überhaupt stellen sich Fragen: Isaak trug das Holz (Vers 6). Er muss also kein Knabe mehr gewesen sein.

Die Nachkommen Nahors

Verse 20-24:

Der erste Vers: »Es geschah nach diesen Begebenheiten, da wurde Abraham berichtet«: Sarahs Halbschwester, Milka, hat auch Söhne geboren:

1. Uz, der Erstgeborene
2. Bus, sein Bruder
3. Kemuël, Vater von Aram, die heutigen Syrer
4. Kesed
5. Haso
6. Pildasch
7. Jidlaph
8. Betuel, Vater von Rebekka

Die Aufzählung der Söhne Nahors[3] ist erforderlich gemacht zu werden, um eine Verbindung zwischen Abraham und seiner Schwiegertochter, der späteren Ehefrau Isaaks herzustellen. Isaak war 40 Jahre, als er Rebekka heiratete (Genesis 25,20).

Zusätze:

• Der Name »Aram« findet sich erstmals in einer Inschrift des akkadischen Königs Naram-Sin aus

---

[3]Der Name Nahor ist sowohl Abrahams Bruder als auch der beiden Großvater.

dem 23. Jahrhundert v.Chr. Dort diente der Name als Ortsbezeichnung. Seit mittelassyrischer Zeit ist der Begriff »Aramäer« eine Sammelbezeichnung für verschiedene Nomadenstämme, die seit dem 13. Jahrhundert v.Chr. von Westen her nach Nordmesopotamien eindrangen. Im Zuge der jahrhundertelangen Konflikten mit den altorientalischen Staaten und einer teils schnelleren, teils langsameren Sesshaftwerdung, dürfte es im Laufe der Zeit zu einer Angleichung der Sprache und Sitten der verschiedenen aramäischen Stämme gekommen sein.

• Die Aramäer sind eine semitische Völkergruppe, die seit der ausgehenden Bronzezeit in Syrien und Nordmesopotamien mehrere Königreiche wie Aram (Damaskus), Arpad (Aleppo) und Hamath (Hama) gründeten, die später unter die Herrschaft des Neu-assyrischen Reiches gerieten. Durch Umsiedlungen und die generellen Bevölkerungsverschiebungen in neuassyrischer Zeit wurde die aramäische Sprache mehr und mehr zur Verkehrs- und Diplomatensprache im Vorderen Orient. Hier sind den Parther, Seleukiden und Römern gemeint. Sie wurde zur Amtssprache des neu-assyrischen und des babylonischen Reiches. Seit parthischer Zeit (im 3. Jahrhundert v. Chr.) sind die aramäischen Einzelstämme nicht mehr zu unterscheiden.[Wik]

KAPITEL 23

SARAHS TOD

Seit der Geburt Isaaks ist es still um Sarah geworden. Es ist kein Wort mehr von ihr zu hören. Nun wird ihr Ableben geschildert. Der Tod kommt schnell und wird in in aller Kürze erzählt. Das Begräbnisritual dauert etwas länger. Sie starb in Hebron im Land Kanaan. Ihr Alter betrug 127 Jahre. Warum aber starb Sarah dort, wo Abraham in Beerscheba wohnte? Hatte Abraham mit Hagar zusammengelebt?

Sarahs Tod wurde ihm angezeigt. Wer der Mittler der Todesnachricht war, wird nicht gesagt. Konnte auch nicht gesagt werden, denn die hohen jüdischen Gelehrten haben die Feder geführt und haben das Arrangement herbeigeführt

Sarah starb mit 127 Jahren, während Ismael 137

Jahre alt wurde (Gen 25,17). In beiden Fällen haben wir es mit Zahlenmystik zu tun. Die jüdischen Gelehrten waren Meister in solchen Disziplinen. E. Jehuda ben Pasi sagte im Namen seines Vaters, der im Namen R. Samuel bar Nachman sprach:

»Was war der Grund, über 127 Provinzen zu herrschen?« Vielmehr war es so: Der Heilige, gepriesen sei er, sagte: »Er wird Ester [zur Frau] nehmen, die [eine] von den Kindeskindern Saras ist, die 127 Jahre alt wurde, und [deshalb] soll sie über 127 Provinzen herrschen.«

Das hatten die hohen Herren jüdischen Schreiber gekonnt formuliert. Esther lebte während der Herrschaft des persische König Xerxes I. (485 - 465 v.Chr.).

Es gibt zu 127 und zu 137 Jahren interessante Auslegungen:
Die Zahlen 127 und 137 sind Primzahlen. Außerdem ist es der numerische Wert des hebräischen Wortes »Kabbalah« (auch Kaballa geschrieben) 137. Diese Zahl ist auch der numerische Zahlenwert der Summe von zwei wichtigen Wörtern, die sich auf die Kabbalah[Kab] beziehen: »Weisheit« 3 = 73 und »Prophetie« 4 = 64. Die Summe ergibt die

Zahl 137. Kabbalah bedeutet Überlieferung und ist die Vereinigung von Weisheit und Prophetie. Solche Überlegungen werden die hohen Schulen des Judentums formuliert.

»Die Zahl 137 ist eines der größten und verdammten Mysterien der Physik: eine magische Zahl, die zu uns kommt, ohne dass sie jemand versteht. Man könnte sagen, die Zahl wurde von Gott geschrieben, um uns zum Narren zu halten«, sagt Richard Feynman. Und er weiter: » Alle Wissenschaftler der Welt sollten sich einen Zettel mit der Zahl 137 über die Tür nageln, um jederzeit daran erinnert zu werden, wie wenig wir über die innere Natur unserer Welt wüssten«[MK].

Sarah wurde 127 Jahre alt. Das ist 10 Jahre jünger oder 2 x 5 Jahre älter als Ismaels. Zufall oder Notwendigkeit?

Die Frage, warum Abraham nicht in der bekannten Umgebung Sichem oder Hebron wohnen blieb und nach Beerscheba (Negev) zog, kann nur andeutungsweise beantwortet werden. Hatte Abraham wieder mit Hagar zusammen gelebt?.

Nachdem Abraham Sarah beweint hatte, suchte er für sie ein Begräbnisort. Zu diesem Zweck ging er von der Toten weg und redete mit den Hetitern. Das ist ein Volk, das in der Bibel erwähnt ist. In Genesis 10,15 ist zu lesen:»Kanaan zeugte Sidon, seinen Erstgeborenen, und Het...« (siehe auch 1.Chr 1,13). »Abraham sagte, ich bin ein Fremdling und Einwohner ohne Bürgerrecht bei euch. Gebt mir ein Erbbegräbnis, dass ich meine Tote würdig begraben kann.« Einer der Hetiter sagte: »Du bist ein Fürst Gottes unter uns. Wir wollen deine Bitte nicht abschlagen.« Abraham sagte daraufhin: »Tretet für ich bei Efron ein, dem die Höhle Machpela gehört. Ich will sie ihm bezahlen.« Efron, offenbar ein reicher Mann, ein Sohn Zohars, dem die Höhle und Acker gehörte, saß mitten unter den Hetitern. Abraham sagte: »Ich kaufe dir die Doppelhöhle und den Acker ab.« So konnte man die Höhle ohne Hindernisse betreten werden. [1]

Man einigte sich auf 400 Schekel Silber (etwa 4,6 kg) nach handelsüblichen Gewicht. So wurde der Acker und die Höhle Machpela, die Mamre gegenüberliegt, innerhalb seiner Grenze Eigentum Abrahams. Die Hetiter bestätigten den Kauf. Zu

---

[1]Wie dem Text zu entnehmen ist, ist Zohar kein Hethiter, sondern ein Sohn Simeons, der wiederum war Sohn einer kanaanitischen Frau (Genesis 46,10.

dem Zweck hatte man keine Tiere angeordnet, wo Feuerflamme und Rauch hindurchzogen.

Abrahams dritte Ehe

Das 25. Kapitel enthält im wesentlichen drei Erzählungen. Die erste erzählt von Abrahams dritter Ehe (Kap 1-6). In der zweiten Erzählung wird von seinem Tod gesprochen 7-11. Der dritte Abschnitt befasst sich mit den Nachkommen Ismaels und erzählt auch seinen Tod (12-18). Die Berichte wurde von hohen jüdischen Gelehrten, die in den verschiedenen Schreibschulen am Euphrat [Sch] saßen, verfasst. Sie wollten mit Sarah, Abraham, Ismael zu einem Ende kommen.

Der Vollständigkeit halber sei auf das 26. Kapitel (Gen 25,13) hingewiesen. Auch hier besuchte Isaak mit seiner Frau Rebekka den König in Gerar. Isaak stellte dem König als seine Frau vor. Das übliche Prozedere beginnt.

War im 23. Kapitel vom Tode Sarahs die Rede, steht jetzt das Ableben Abrahams im Vordergrund. Dazwischen liegen 48 Jahre. Was sich im Lauf der Geschichte alles zugetragen hat, wird mit keinem Wort gesagt. Er wird solange in Beerscheba gewohnt haben, bis er starb. Das ist anzunehmen, wird aber nicht gesagt.

Die Verse 1-4:

Abraham nahm sich noch eine andere Frau mit dem Namen Ketura.[2] Es ist also die Rede von der dritten Frau des Patriarchen. Die erste Frau war bekanntlich Sarah, die zweite Hagar. Da aber die beiden Eheleute bei der Ankündigung der Geburt Isaaks gelacht haben, weil sie selbst nicht an eine Geburt geglaubt haben, kann die sogenannte dritte Ehe nicht stattgefunden haben. Es gilt als wahrscheinlich, dass Abraham die Ehe mit Ketura bereits in Harran bestanden hat. Für diese These spricht auch, dass eine Beschneidung nicht stattgefunden hat. Sie war zu diesem Zeitpunkt unbekannt. Die einzelnen die Söhne sind:

1. Simran
2. Jokschan
3. Medan
4. Midian
5. Jischbak
6. Schuach

Es sind sechs Söhne. Wären es sieben gewesen, hätte das die Vollkommenheit Gottes bedeutet.

---

[2]Räucherwerk oder besser Weihrauch.

Im Kapitel 37,23-28 wird Josef in einen lehren Wasserbrunnen geworfen. Das geschah von seinen Brüder aus Neid. Dann kam eine Karawane von Ismaelitern aus Gilead vorbei. Ihre Kamele waren beladen mit Tragakanth (Gummi aus dem Saft von Bäumen), Balsam (Heilkräuter) und Ladanum (Räucherwerk). Zur gleichen Zeit kamen midianitische Kaufleute hinzu. Als Josef laut schrie, zogen sie Josef aus dem Brunnen und verkauften ihn für 20 Silberstücke an die Ismaeliter. Diese trieben Handel auch in Ägypten Sie verkauften Josef auf dem dortigen Sklavenmarkt.

Als Isaak geboren wurde, gab es für die Söhne Keturas keinen Platz im Familienverband. Es heißt, sie wurden mit Geschenken ins Morgenland geschickt. Das Land Midian geht zurück auf einen Sohn der Ketura. Die Stadt Kedar ist nach einem Sohn Ismaels benannt (Gen 25,13). Land und Stadt liegt östlich vom Roten Meer.

Abrahams Tod und Begräbnis

Verse 7-11:

Der Tod Abrahams wird in kurzen knappen Worten beschrieben. Seine Lebensjahre wird mit 175 ange-

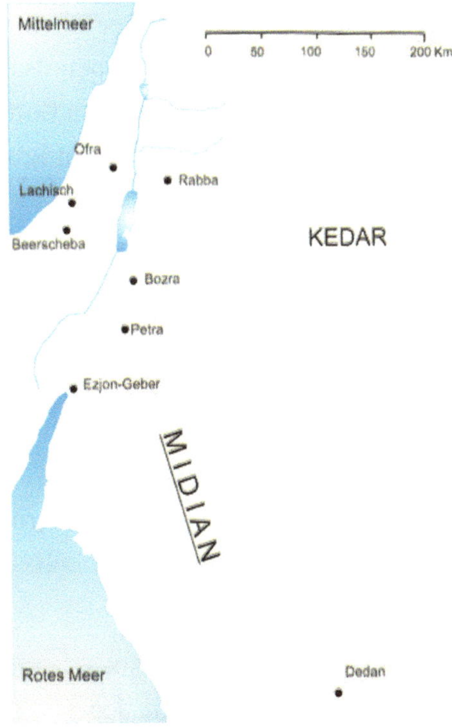

Abbildung 24.1. Das Land Midian

geben. Dann verschied er. Zu seinem Lebensalter wurde bereits einiges gesagt. Seine Söhne Isaak und Ismael begruben ihn im Familiengrab in Machpela. Dort lag bereits Sarah. Als die Trennung zwischen Ismael und Isaak vollzogen war, hätte man meinen können, die beiden Halbbrüder hätten sich sich getrennt und nicht mehr gesehen. Ismaels Alter wird mit 90 Jahren angegeben. Isaak ist demnach 76 Jahre alt. Dann wird Segen Gottes erwähnt. Isaak wohnte in Beerscheba beim Brunnen des Lebendigen (Lahai-Roï; Gen 16,14).

Die Beerdigung Isaaks, die in Genesis 35,27-29 mit bescheidenen Worten beschrieben wird, geschah durch die bislang feindlichen Brüder Esau und Jakob. Auch das konnte man so nicht erwarten. Isaak wurde 180 Jahre alt. Wie sprach Sahib ben Mustafa: ›Wisset ihr nicht, dass die Hohen Persiens ihre feierlichen Gewänder 180 Tage lang trugen?‹ (Esther (1,4). Erstaunlich, welche Bewandtnis herangezogen wird.

Der Tod Jakobs wird in Genesis 50, 1-12 mit eindrucksvollen Worten beschrieben. Josef war Wirtschaftsminister im ägyptischen Reich. Die Wagen aus dem Hause des Pharao zogen mit vielen Reitern zur Höhle Machpela, wo Josef und die Söhne Isaaks in dort begruben.

Der Stammbaum der Ismaeliter:

Verse 12-18:

Sie Söhne Ismaels sind:

1. Nebajot
2. Kedar
3. Abdeel
4. Mibsam
5. Mischma
6. Duma
7. Massa
8. Hadad
9. Tema
10. Jetur
11. Nafisch
12. Kedma

Zwölf Söhne und 12 Stammbäume – das sind die Namen, die sie in Siedlungen und Zeltlagern trugen. Ismael wurde 137 Jahre alt. Er wurde von seinen Söhnen begraben.

Es ließen sich weitere Zusätze anbringen. Wesentlich ist dies: Das Buch Genesis handelt von den Söhnen Noahs: Sem, Ham und Jafet. Geht dann über Ur und Harran, Abraham, Lot, Sarah, Ismael, Isaak und Josef. Das Schreiben der Tora war ohne die Vatergeschichten nicht möglich. Es würde etwas fehlen.

RÜCKBLICKE UND AUSBLICKE

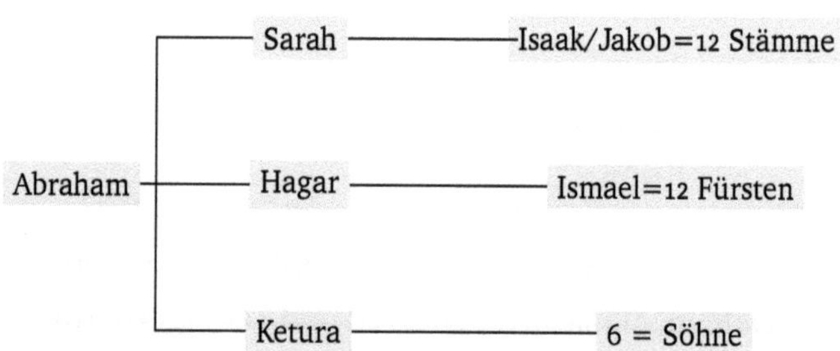

Tabelle A.1. Der Stammbaum Abrahams

Einblicke:

Der gezeichnete Lebensbaum zeigt grafisch die verschiedenen Söhne, Nachkommen und Erben Abrahams. Der Stammbaum geht von Abraham selbst aus. Er steht an vorderster Stelle. Seine Frau

Sarah steht an erster Stelle der Gliederung. An zweiter Stelle steht die Magd Hagar. Die dritte Stelle nimmt die Frau Ketura ein. Hier sind vor allem ihre Söhne Midian und Dedan zu erwähnen. Schaut man sich die einzelnen Zahlen genauer an, fällt einem sofort die Kombination von 2 x 12 und 1 x 6 ins Auge. Das wird kein Zufall sein. Durch die Gegenüberstellung von Zahlen, Orten und Zeiten hat der Sachverhalte plastischen Charakter bekommen.

Zur Frau Ketura kann man nur eine Vermutung äußern. Abraham, der zunächst Abram oder Abu-Ram hieß, wird Ketura als Frau bereits in Harran gehabt haben. Diese Überlegung geht von der bekannten Differenz von 60 Jahren aus. Hinzu kommt noch eine weitere Überlegung: Nach der Bibel hatte Abraham mit 86 Jahren einen Sohn mit Namen Ismael gezeugt. Er wird aber nicht 86 Jahre keusch und enthaltsam gelebt haben. Deshalb dürfte Abraham in Harran die eine oder andere Frau gehabt haben und mit ihnen weitere Söhne und Töchter gezeugt haben. Diese Söhne waren für die Versorgung der alten Leute erforderlich. Diese These wird durch den folgenden Bibelvers gestützt: (Genesis 18,12) »Auch ist mein Herr schon ein alter Mann.«

Deshalb wird Abraham seine Nachkommen bereits in Harran gehabt haben. Sein Enkel Jakob hatte zwei Frauen und zwei Mägde, mit denen er insgesamt 12 Söhne zeugte (vgl. Genesis 29 ff). Das dürfte bei Abraham nicht anders gewesen sein.

Das Leben Abrahams ist vielfältig und nicht in einem Guss geschrieben worden. Es wird sein Leben auf verschiedene Weise und auch an verschiedenen Orten geschildert. Ausgehend vom biblischen Text, gibt es historische und archäologische Aussagen. Erinnert sei an das in Deutschland erschiene Buch ‹Keine Trompeten vor Jericho› von Israel Finkelstein und Neil Asher Silberman. Da sie keine Belege, Hinweise und Stele gefunden hatten, wird es eine Erfindung des gelehrten Judentums sein.

Rückblick über die einzelnen Kapitel:

Der betreffende biblische Text beginnt mit dem 10. Kapitel. Hier werden die drei Söhne Noahs angeführt. In den weiteren Versen des Kapitels werden ihre Nachkommen genannt. Es sind Sem, Ham und Jafet. Von besonderem Interesse ist Sem. In den Versen 21 - 31 werden seine Söhne beschrieben. Aus Sem wurden die Semiten und die semitische

Sprache gemacht. Das ist das Ergebnis, das auf den Gelehrten August Ludwig Schlözer (1739-1809) zurückgeht. Aus den Semiten entstanden Antisemiten (Antisemitismus). Das wiederum geht auf den deutschen Journalisten Friedrich Wilhelm Adolph Marr (* 16. November 1819 in Magdeburg; † 17. Juli 1904 in Hamburg) zurück. Er propagierte im deutschen Sprachraum als Erster den Anarchismus. 1879 gründete er die erste antisemitische politische Vereinigung des deutschen Kaiserreichs, die Antisemitenliga. Damit prägte er den neuen Begriff Antisemitismus für eine rassistisch statt religiös begründete Judenfeindschaft.

Das 11.Kapitel enthält zwei verschiedene Aussagen. In den Versen 1 bis 9 wird der Turmbau von Babel geschildert. Bei den Versen 9 – 32 geht es um die Vorfahren Abrahams. Ausgangspunkt ist wieder Sem. Er zeugte 2 Jahre nach der Flut Arpachschad. Dann lebte Sem noch 500 Jahre. In der Tabelle, 11,1, werden die einzelnen Vorfahren angeführt. Abraham hat Sem um 35 Jahre überlebt. Die zweite Unstimmigkeit ist das Alter Abrahams. Sein Vater Terach zeugte mit 70 Jahren Abraham, Nahor und Haran. Da Terach mit 205 Jahren in Harran starb (Gen11,32), wird Abraham um sie 135 Jahre alt sein. Auch wenn man 130 Jahre annehmen würde, stehen diese im Widerspruch zu 75 Jahren, siehe Kapitel 12,4. Eine weitere Unstimmigkeit steht in Vers 31. Die Sippe wollte nach Kanaan ziehen, zog aber hinauf nach Harran (bibl. Haran).

Im 12. Kapitel nimmt das Leben Abrahams erstmals Gestalt an. Jahwe sagte zu Abraham: »Zieh von deiner Verwandtschaft, von deines Vaters Haus weg, in das Land, das ich dir zeigen werde.« Allerdings bestand Verwandtschaft wohl schon, aber nicht des ‹Vaters Haus›. Der HERR führt weiter aus: Er will Abraham zu einem großen Volk machen. Er soll ein Segen sein. Im Kapitel 13, 14-18 werden die Verheißungen Gottes an Abraham erneuert.

In den weiteren Versen des Kapitels zog Abraham nach Kanaan. Abraham wanderte nach Sichem. Dort gab es eine Orakeleiche. Abraham baute einen Altar. Kaum gebaut und Orakelsprüche aufgesagt, zog er weiter. Er baute sein Zelt in einer gewissen Weise auf. Der Eingang war nach Bet-El und die Rückwand nach Ai ausgerichtet. Dann zog Abraham weiter dem Negeb zu. In einem Wüstengebiet konnten die Tiere Abrahams nicht ausreichend Futter finden. Abraham zog mit seiner Frau Sarah und seinen Leuten nach Ägypten. Dort gab es reichlich Futter. Dann kommt es zu einem Techtelmechtel. Sarah war 10 Jahre jünger als Abraham. Zu diesem Zeitpunkt wird der ‹Vater einer Menge von Völkern› 80 Jahre alt gewesen sein. Sarah war damit 70 Jahre, wird aber immer noch als attraktive Frau geschildert. Der Pharao hatte Gefallen an der alten Dame. Als der Herrscher von Ägypten Geschlechtskrank wurde, gab er Abraham trotzdem Tiere, Mägde, Eselinen und Kamele. Zeitlich später wird beschrieben, dass Abraham über Gold und Silber verfügte.

Im 13.Kapitel wird das Verhältnis Abraham und seinem Enkel Lot näher beleuchtet . Als Ursache wird der große Besitz der Herden der beiden Männer beschrieben. Es kommt zur Trennung zwischen beiden. Dann wird etwas zur die Generosität Abrahams gesagt. Es heißt: »Gehst du zur Rechten, gehe ich zur Linken.« Lot entschied sich für die fruchtbare Gegend um den Fluss Jordan. Im Zusammenhang mit der Trennung wurden die Ortschaften Sodom und Gomorra erwähnt. Dort sollen lauter derbe Sünder wohnen. Abraham seinerseits wählte das unwirtliche Bergland. Der vermeintliche Nachteil gereicht zum Vorteil. Dann zog Abraham zur

Terebinthe Mamre. Dort lebten die drei amoritischen Brüder, Aner, Eschkol und Mamre. Wenn die Ortschaften Sodom und Gomorrha voller Sünde waren, warum hat Abraham Lot nicht gewarnt? Die restlichen Verse enthalten die Verheißen Gottes an Abraham.

Im 14. Kapitel werden kriegerische Auseinandersetzungen beschrieben. Auf der einen Seite stehen die Heere von Kedor-Laomer und seine Verbündeten den Mannschaften Abrahams und seiner Mitstreiter gegenüber (siehe Tabelle 14,1). Es werden 318 Personen angeführt, die im Haus Abraham geboren wurden. Dazu gesellten sich auch die Männer der amoritischen Brüder Aner, Eschkol und Mamre. Die Könige von Sodom und Gomorra sollen auch Leistungen erbracht haben, obwohl sie vorher in Asphaltgruben gefallen sind. Nachdem Kedor-Laomer und seine Vasallen ganze Landstriche verwüstet haben, wird auch beschrieben, wie Lot und seine Familie gefangen genommen worden sein. Dann zog das Heer Abrahams dem feindlichen Heer entgegen. Kurz vor Damaskus wird die Vierer-Bande gestellt. Abraham geht als Sieger hervor.

Als das Kampfgeschehen vorbei war, kommt der

kanaanitische Priester Melchisedek ins Spiel. Die gewonnene Beute wird verteilt, wobei der Priester Gottes den 10. Teil von der besten Beute bekam (Hebräer 7,4). Die anderen Teile wurden unter den Mitstreitern verteilt. Als der Priester Gottes den Teil von der Beute erhalten hat, bringt er Brot und Wein heraus, damit wird Abraham gesegnet. Der König von Salem sei ohne Geschlechtsregister gewesen. Er war Priester Gottes und König von Salem. Der Ort hieß später Jerusalem. Die hohen jüdischen Autoritäten konnten nach Gutdünken schalten und wollen wie sie wollten. Offenbar wurden Erlebnisse und Ergebnisse am Schreibtisch verfasst.

Das 15.Kapitel enthält zwei Erzählungen. In der ersten geht es um das Verteilen der Erbschaft Abrahams. In der zweiten Episode kommt es zu einem eigenartigen Vertrag.

Bestandteil des Vertrages, Abraham soll das Land Kanaan zugesprochen bekommen. Dort sollen die späteren Juden ihr Land bekommen. Zum ersten Mal spricht Abraham den HERRN an. Dieser pflegt seinerseits zu sprechen. Das ist das ersten Mal, dass der Ball hin und her gespielt wird. Abraham sagt, er gehe doch kinderlos dahin, Elieser von Damaskus wird sein Erbe sein. »Nein«, sagt der Ewige, »nicht er wird dein Erbe sein, sondern dein eigener Sohn.« Dazu wird Abraham ins Freie geführt. Er soll die Sterne zählen, so zahlreich sollen seine Nachkommen sein. Da aber seine Nachkommen Ismael, Isaak und die Söhne seiner Zweitfrau Ketura insgesamt acht Personen sind, kann von der Anzahl an Sternen nur im gedachten Maß geredet werden. Selbst wenn man annimmt, die Berichte seien während des babylonischen Exils geschrieben worden, kann man nicht von mehren Milliarden an jüdischen Personen ausgehen.

Abraham fragt, »woran er erkennen soll, dass ihm das Land Kanaan gehören soll?« Zu diesem Zweck werden gewisse Tiere beschrieben, die er auf eine bestimmte Weise anordnen soll. In den Zusätzen, die die Verse 12-16 betreffen, kommt es 400 Jahren. Sie seien Fremde in einem fremden Land, es folgt der Auszug mit großer Habe usw.

Die Tiere werden zerteilt, so dass eine Art Gasse entsteht. Dann erscheint eine Feuerfackel und ein rauchender Feuerofen, der durch die Tiere fuhr. Das ist der Vertrag. Ob die Tiere verbrannt wurden, ist nicht gesagt, aber anzunehmen. In den letzten Versen des Kapitels wird die Größe des Landes beschrieben. Es sind die Verse 18–21. Sie stehen den Ideen der Verfasser des Buchs Abraham im Weg. Die Beschreibung der Größe des Lande in West-Ostrichtung fehlt allerdings.

Im 16. Kapitel wird die Geburt Ismaels beschrieben. Da Sarah immer noch kinderlos ist, kommt ihre Magd Hagar ins Spiel. Sarah gab ihrem Mann die ägyptische als Frau hin. Es zeigte sich bald, dass die Beziehung Sarah – Hagar nicht ohne Geschmäckle ist. Als Hagar schwanger und ihr Bauch zunehmend größer wurde, wird sie mit Stolz auf Sarah herabgeblickt haben. Sie, die Magd, kommt in eine komfortable Situation. Sarah schwoll der Kamm.[1] Voll Wut, mit feuerrotem Kopf, eilt sie zu ihrem Mann und berichtet ihm erzürnt über die Lage. Abraham sagt: »Hier ist die Magd, tue mit ihr, wie es dir gefällt.« Sarah behandelte Hagar übermäßig hart, so das Hagar floh. Sie machte sich auf und fand eine Quelle, bei der sie sich niederließ. Als Hagar an dem Brunnen weilte, hörte sie eine Stimme. Es ist die eines Engels, der zu sprechen

---

[1]umgangssprachliche Redensart von einem Hahnenkamm (roter Fleischlappen auf dem Kopf des Hahns) abgeleitet, der sich bei Erregung - sei es aus Wut oder aus Eitelkeit (die man dem Hahn ebenfalls gern nachsagt) - mit Blut füllt und davon anschwillt.

pflegt.[2] Er sagte zu ihr, sie solle zur ihrer Herrin zurückkehren. Nimmt sie das Angebot an, wird aus ihrem Sohn ein Volk mit 12 Fürsten. Als Ismael geboren wurde, war Abraham 86 Jahre alt und Sarah demnach 76 Jahre. Das ist deshalb wichtig, weil mit dem 20. Kapitel die Ahnfrau dem König der Philister nochmals als Weib angeboten wird. Obwohl sie bereits im vorgerückten Alter war, gilt sie immer noch als attraktives Weib. Es die Absicht der Gelehrten, das so zu tun. Als Hagar zurückkehrte und ihr Sohn geboren wurde, nannte Abraham ihn Ismael. (Bereits im Vers 11 hatte der Engel mit seinem Röntgenblick einen Knaben ausgemacht und ihn Ismael genannt.)

Im 17. Kapitel geht es vorrangig um die Beschneidung (lat. Zirkumzision) und um die Verheißung des Landes Kanaan. Die Ausführungen sind an Rigorosität kaum zu überbieten. Männliche Kinder sollen mit dem achten Tag beschnitten werden. Das Judentum hat die Beschneidung aus Ägypten mitgebracht. Warum wurde Abraham mit 99 Jahren beschnitten und Ismael mit dem 13.Lebensjahr und Isaak mit achten Tag? Die Beschneidung wird sogar als Bundeszeichen beschrieben. Dieser Bund

---

[2]Im Judentum sprechen Gott und Engel.

besteht in der Zusprechung von Land und Erben. Dann kommt es zur Umbenennung des Ehepaars; aus Abram (Abu-Ram) wird Abraham und aus Sarai Sarah. Die Beschneidung wird als der innere Zusammenhalt eines Volks aufgefasst. In dem Fall des jüdischen. Wer sich nicht beschneiden lässt, der soll aus dem Stammesverband ausgeschlossen werden. Die Beschneidung bezieht sich auf Ägypter, Juden und Moslems.

In den Verse 16-2 wird berichtet, wie Abraham fragte: »Ach Herr, dass doch Ismael leben möchte.« Der Herr aber sagte, nicht er, sondern dein eigener Sohn soll Erbe sein. In einem Jahr wird Sarah einen Sohn gebären, der soll Isaak heißen. Der Herr will mit ihm seinen Bund errichten.

Im 1.Makkabäerbuch 1,15 wird beschrieben, wie einige Juden bei sich die Beschneidung rückgängig gemacht haben. Im Buch Josua wird in Kap. 5,2-5 erwähnt, die Israeliten haben sich während der 40-jährigen Wüstenwanderung nicht beschnittenen. Offensichtlich war man emotional und wirtschaftlich in einer prekären Lage. Aus diesem Grunde wollten einige zu den Fleischtöpfen Ägyptens zurückkehren (Gen 16,3). Deshalb fiel im vorliegenden Kapitel die Beschneidung umso rigoroser aus.

Auf der anderen Seite konnte Abraham vom Auszug nichts wissen.

Das 18. Kapitel stellt in allen Dingen einige Besonderheiten dar. Das Kapitel enthält zwei Erzählungen. Die eine Aussage kündigt die Geburt eines Sohnes an. Die andere beschreibt die Ankündigung der Vernichtung von Sodom und Gomorrha. Dabei ist nicht sicher, ob es die beiden Orte wirklich gegebenen hat. In der ersten Erzählung wird von drei Männer erzählt. Einer davon dürfte der »Herr« sein. Diese drei Männer werden Wanderprediger gewesen sein, über die eine Fülle von Orakelsprüchen, Wahrsagungen und Kult- und Preislieder zur Verfügung standen. Solche Dienste werden gegen Lohn und einer warmen Mahlzeit angeboten. Zu diesem Zweck wurden Brotfladen gebacken und ein Kalb geschlachtet. Das wird eine längere Zeit gedauert haben. Das Prozedere endet mit der Wahrsagung eines Sohnes an Abraham und Sarah. Davon war bereits im vorigen Kapitel die Rede. Sarah soll übers Jahr ein Sohn gebären.

Diese drei Männer gehen später in zwei Männer über. Dieses letzte Szenario spielt sich des Nachts ab.

Die drei bzw. zwei Männer werden auch als Engel bezeichnet.[3] Dennoch aßen und tranken sie. Sie hatten sich vorher die Füße gewaschen. Bei der Detailerzählung, die Lot betrifft, gehen zwei Männer in zwei Engel über. Sie essen und trinken auch. Die zwei Engel gehen wechselweise in »zwei Männer« über. Die zwei Personen sind Lot und seine Frau. Von der Geburt eines Kindes wird hier nichts erzählt. Bevor die Vernichtung der beiden Städte beschrieben wird, geht es um einen Handel Abrahams mit Gott. Der Handel hört bei der Zahl zehn auf.

Im 19.Kapitel wird die Vernichtung der beiden Städte Sodom und Gomorrha beschrieben. Es ist nicht erwiesen, ob es die beiden Orte wirklich gegeben hat. Das wurde bereits gesagt.

Im 20.Kapitel besucht Abraham und Sarah den Philisterkönig Abimelech in der Ortschaft Gerar. Abraham stellt seine Sarah erneut als seine Frau vor. Abraham gilt als Vater des Glaubens. Dann kommt es zu dem Ereignis, das sich bereits in Ägypten zugetragen hat. Sarah, die nicht jünger geworden ist, wird noch immer als attraktiv beschrieben.

---

[3]Im Talmud (Belehrung) soll es heißen: ‹Sie taten bloß, als ob sie äßen.›

Abraham hat nicht vorher Kontakt mit dem König von Gerar gehabt. Die Schreibschulen haben den Kontakt hergestellt. Es kam zum Eklat. Wie in Ägypten der Pharao alle Nachteile auf seiner Seite hatte, ist dies auch hier der Fall. Abraham bekam Schafe, Rinder und 1000 Silberstücke noch dazu. Damit wird er die Grabstätte Machpela gut bezahlt haben können.

Das 21.Kapitel beschreibt die Geburt ihres gemeinsamen Sohnes. Er erhielt den Namen Isaak. Mit dem 100.Lebensjahr Abrahams trug sich das zu. Die Beschneidung, die Entwöhnung von der Mutter (oder Amme), die Veranstaltung eines Festmahls – all dies wird erzählt. Mit fortschreitender Geschichte kommt es zu Unstimmigkeiten. Der Altersunterschied zwischen Ismael und Isaak beträgt bekanntlich 14 Jahre. Dann wird vom »Herumtollen« und »Spotten« geschrieben. Hagar und Ismael, der noch ein Knabe zu sein hat, obwohl er ein Jugendlicher ist, werden aus der Gemeinschaft ausgeschlossen. Er hat seine Mutter nach Kräften unterstützt. Mittelpunkt der Ereignisse ist Sarah. Sie richtete ihrem Mann gewissermaßen die Pistole auf die Brust. Für Abraham gibt es keine Alternative. Hagar und Ismael gingen in die Wüste Paran. Die Gegend ist nicht so unwirtlich, wie es sich anhört.

Die Geburt Isaaks umfasst nur acht Verse. Die Erzählung der Vertreibung Hagars umfasst nur zwei Verse. Nachdem Isaak geboren wurde und Hagar mit ihrem Sohn aus dem Stammesverband ausgeschlossen wurde, hören wir nichts mehr von Sarah. Nur von ihrem Tod wird berichtet. Irgendwie kommt Sarah nicht gut weg. Unfruchtbar und war an der Vertreibung maßgeblich beteiligt.

Im 22.Kapitel geht um die vermeintliche Opferung Isaaks. Nach diesen Ereignissen will Gott den Abraham auf die Probe stellen, ob er bereit ist, ein Menschenopfer zu bringen. Frühmorgens spaltete Abraham Holz und lud es seinem Sohn auf (die Schulter). Er war ein junger Mann und kräftig genug, das Holz zu tragen. Mit dabei waren auch zwei Jungknechte. Sie sollen warten, bis sie zurückkehrten. Es heißt: Vater und Sohn wollen anbeten. Sie sahen den Ort von Ferne. Es war der Berg Morija (Tempelberg in Jerusalem, die heutige Klagemauer). Als sie angekommen waren, fesselte Abraham seinen Sohn, legte ihn auf den Altar und will ihn schlachten, da spricht vom Himmel ein Engel. Er spricht: Tue deinem Sohn kein Leid an.

Er ist der Auserwählte. Plötzlich stand ein Widder im Gebüsch. Er hat mit seinen Hörnern verfangen. Das ist einfacher gesagt, als getan. Der erste Punkt: Abraham hat die Jungknechte belogen. Der zweite Punkt: Isaak trug das Holz. Also war er dazu fähig. Abraham konnte seinen Sohn nicht binden. Isaak hätte sich gewehrt. Der dritte Punkt: Der Widder hatte sich mit seinen Hörnern im Gebüsch verfangen. Wäre er frei herumgelaufen, hätte er die beiden auf die Hörner genommen. Als er im Gebüsch gefangen war, wurde ihm die Schlagader geöffnet. Das diente als Brandopfer. Eine Frage bleibt, wann trug sich das Ereignis zu? Es wurde ja bereits vom 25-Jahr-Rhythmus gesprochen. Es könnte sich mit dem 125.Lebensjahr Abrahams zugetragen haben. Isaak wäre demnach 25 Jahre alt. Er trug ja das Holz.

Abraham kehrte zu den Jungknechten zurück. Sie machten sich auf und gingen nach Beerscheba. Von Isaak ist in diesem Zusammenhang keine Rede mehr.

Im 23.Kapitel wird Sarahs Tod und die Errichtung einer Grabstätte beschrieben. Es heißt, Sarah wurde 127 Jahre alt. Mit dem Tod Ismaels mit 137

Jahren stand eine umfangreichen Numerik im Vordergrund. Abraham sucht nach einer Grabstätte. Zu diesem Zweck kommt er mit den Hetitern (vielleicht auch Hettiter) zusammen. Eine Person namens Efron, der kein Hettiter ist, sondern ein Sohn Zohar ist, verfügte über eine Höhle als Grabstätte, die über einen Acker zu erreichen ist. Abraham bezahlt die Grabstätte mit 400 Schekel Silber. Die Grabstätte wurde von allen Beteiligten bestätigt.

Im 24.Kapitel wird beschrieben wie Abrahams Eliëser mit Geschenken losgeschickt wird, um in Harran für Isaak eine Frau zu holen. In langen Ausführen wird die Reise geschildert. Rebekka wird die Ehefrau Isaaks. Beide besuchen den den König Abimelech in Gerar. Auch hier kommt es zum Techtelmechtel. Aus irgendwelchen Gründen hat man dieses Kapitel eingeschoben. Man wollte eine Kontinuität herstellen

Das 25. Kapitel geht man wieder auf Abraham ein. Die ersten sechs Verse des 25. Kapitels wird von sechs Söhnen Abrahams mit Ketura erwähnt. Mit Vers sieben wird der Tod Abrahams erzählt. Er wurde 175 Jahre alt und wurde von seinen Söhnen Ismael und Isaak in der Höhle Machpela begraben.

Der kleine Abschnitt endet mit dem Segen Gottes für Isaak.

Historische Hintergründe:

Das Leben Abrahams konnte nicht in allen Nuancen betrachtet werden. Person und Umstände sind in einer späteren Zeit geschrieben worden. Das Buch »Keine Trompeten vor Jericho.«[FS02], was lesenswert ist, hatte zur Person Abraham keine Stele, keine Inschriften gefunden. Sie sprachen von der vergeblichen Suche nach den Erzvätern und demzufolge Erzmüttern des Judentums. Es sind zwar kraftvolle literarische Leistungen und einige glänzende Schilderungen, aber das besagt kein richtiges Leben. Wenn es den biblischen Abraham nicht gegeben hat, dann dürfte es den islamischen Ibrahim auch nicht gegeben haben. Noch viel mehr: Das Judentum hat sich selbst in eine schwierige Situation gebracht, aus der schwer herauszukommen ist. Die Zerstreuung der Juden in alle Welt ist geschehen.

Während der Herrschaft des chaldäischen Königs Nebukadnezar wurde der erste Tempel zerstört. Nach dem Aufbau des zweiten Tempels wurde dieser durch die Römer zerstört. Daraufhin wurden

Synagogen gebaut.

Nach diesen Schilderungen kam es zur Zerstreuung (Diaspora) bzw. und Auswanderung von einem Großteil der Juden. Ein Teil davon zog in die angrenzenden Mittelmeerländer. In Alexandria wurden die fünf Bücher Mose (Thora) ins Griechische übersetzt.[4] Hinzugefügt wurden weitere biblische Bücher wie Judit, Tobit, die beiden Bücher der Makkabäer, Zusätze zum Buch Daniel usw.

Im Alten Testament gibt es einige Bibelverse, die von der Zerstreuung des Judentums sprechen. Nur eine kleine Auswahl:

1.Könige 14,15:

Der Herr wird Israel schlagen, dass es schwankt wie das Rohr im Wasser, und er wird Israel aus diesem guten Land, das er den Vätern gegeben hat, ausreißen und es jenseits des Stromes zerstreuen, weil sie sich Kultpfähle gemacht und ihn dadurch erzürnt haben.

Hesekiel 20,23-24:

»Doch schwor ich ihnen in der Wüste, dass ich

---

[4]Die Septuaginta ist die älteste durchgehende Übersetzung der hebräischen Bibel in die damalige altgriechische Alltagssprache die Koine.

sie unter die Heidenvölker zerstreuen und in die Länder versprengen würde, weil sie meine Rechtsordnungen nicht befolgt und meine Satzungen verworfen hatten und meine Sabbate entheiligt und ihre Augen nach den Götzen ihrer Väter gerichtet hatten.«

Jeremia 9,6-8:

»Darum spricht der Herr der Heerscharen so: Siehe, ich will sie schmelzen und läutern; denn wie sollte ich anders umgehen mit der Tochter meines Volkes? Ihre Zunge ist ein tödlicher Pfeil, Lügen redet sie: Mit dem Mund redet man Frieden mit seinem Nächsten, aber im Herzen legt man ihm einen Hinterhalt. Sollte ich sie wegen dieser Dinge nicht strafen? spricht der Herr, und sollte sich meine Seele an einem solchen Volk nicht rächen?«

Hierzu zählen Pfandleihgeschäfte, Zinsgeschäfte, Finanzgeschäfte und dergleichen mehr. Seit der Karolingerzeit, herausgehobener Vertreter war Karl der Große, wurden die Juden wegen finanzieller Geschäfte geschätzt. Im christlichen Abendland war zu dieser Zeit der Geldhandel nicht üblich. Die Juden hatten wegen dieser Geschäfte sogar eine Monopolstellung inne. Das änderte sich mit den

Jahren.

In Spanien

In Spanien hatten die Juden mit den Arabern ein gutes Auskommen. Sie nannten sich nicht mehr »A ben B«, sondern »A ibn B«. Kurz: Der Jude passte sich an. Die Stadt Córdoba war das geistige und politische Zentrum des Judentums. Ein jüdischer Herr namens Chasdai ibn Schaprut wurde als erste Person »Hofjude« genannt. Er war für die Zölle des spanischen Reichs verantwortlich. Andere hochgestellte jüdische Persönlichkeiten waren für die Münzprägung zuständig. Im Laufe der Jahre kann von einem christlich-jüdischen Zusammenleben nicht gesprochen werden. Dann kam es, ab dem Jahr 1391, zu einer rapiden Verschlechterung der Lage. Als eine Ursache wird der Religionsdisput von Barcelona angesehen. Ein weiterer Grund ist die Heirat zwischen Ferdinand von Aragon und Isabella von Kastilien (1469), die zur Einheit Spaniens führte. Die so zustande gekommene Einheit, folgte eine religiöse. Man sprach eine eigene Sprache – das Judenspanisch.

Dann begann die Inthronisation der »Reyes Católico«. Der in Spanien geborene Papst Alexander VI.

schuf den Titel »Katholische Könige«, daher der Name »Reyes Católico«. Bald kam es zur Judenverfolgung. Synagogen wurden abgebrannt oder in Kirchen umgewandelt. Hundert Jahre später, zwischen den Jahren 1491-1492, mussten alle Juden auf Befehl des neuen spanischen Königs das Land verlassen. Dabei hat es eine breite Masse von Menschen jüdischen Glaubens gegeben, die in Spanien ihr Auskommen hatten.

Als schwarzer Tod (Yersinia pestis) wurde die Pest bezeichnet, die in Europa ihren Höhepunkt in den Jahren 1348 – 1351 hatte. Als eine Ursache wurde die ungünstige Sternkonstellation von Mars, Jupiter und Saturn angenommen. Eine andere Ursache war verseuchtes Wasser. Wieder eine andere Ursache galt das Öffnen von Fenster nach einer bestimmten Himmelsrichtung. Zur Heilung der verschiedenen Pest-Erkrankungen war der Aderlass bekannt. Wenn jemand an der Beulenpest erkrankt war, wurde mit einer Spritze in die Beule hineingestochen, so dass Blut heraustrat. Die Juden wurden als ein Auslöser der Pest bezeichnet. Hier galt der Wucherzins als eine Ursache. Dass sie selbst an der Pest erkrankt waren, wollte man davon nichts wissen. Sogar der Ablasshandel nahm zu. Konstantinopel, das heutige Istanbul, galt als Rattenland Nummer 1 – alleine wegen der mangelhaften Hygiene. Es dauerte bis zum 20. Juni 1894 als der ehrenwerte Louis Pasteur seinen Kollegen Alexandre Yersin nach China schickte. Dort entdeckte er den Erreger. Mäuse Ratten und andere Nagetiere hatten die Pest ausgelöst.

In Österreich

Die eigentliche Geschichte der Hofjuden begann in Wien. Man schreibt das Jahr 1582. Kaiser des Heiligen Römischen Reiches war Rudolf II. (1576-1612). Er schuf die Institution der »hofbefreiten Juden«. Diese waren von Zoll- und Mautabgaben befreit. Sie waren für Waren und Handel ausschließlich dem Obersthofmarschall unterstellt. Außerdem waren sie befreit vom Tragen des Judenzeichens. Auf Betreiben Wallensteins erhielt Jakob Bassevi von Treuenberg diesen Adelstitel. Gemeinsam mit Wallenstein und einem anderen Fürsten hatten sie die Münzprägung gepachtet. Das war sozusagen die Lizenz zum Gelddrucken. Dann kam es um 1670 zu Unstimmigkeiten mit den Geldgeschäften. Es fehlten 500 000 Gulden in der Hofkammer.[5] Man

[5]Umgerechnet könnte es sich dabei um 15 Kilogramm Gold gehandelt haben. Der Goldpreis war damals geringer als

sah sich nach einem anderen Finanzfachmann um. Dieser Mann war Samuel Oppenheimer. Im Jahre 1674 erhielt er den Titel »Kaiserlicher Kriegsfactor«. Er war Armeelieferant und Hofbankier in einer Person. Durch riskante Geschäfte während der Türkenkriege, die sich vor Wien zutrugen, musste er Waffen, Munition und Kleidung für die habsburgischen Geschäfte besorgen. Die Geschäfte gelangen, er bekam den Titel »Kayserlicher Paß ins Reich für Samuel Oppenheimer Juden und Factoren bey der kayserlichen Armada«.

In Osteuropa?

Zwischen 1700-1760 gab es im osteuropäischen Judentum eine Entwicklung die Chassidismus genannt wurde. Als Gründerpersönlichkeit gilt »Israel ben Eliezer Ba'al schem tobh«. Wörtlich übersetzt heißt das: »Herr des guten Namens«. Seine Bezeichnung als Ba'al schem tobh kann wohl nichts anderes besagen, dass er magische Praktiken beherrschte. Bald nannte man Wilna das ›Jerusalem Litauens‹. Als eine Abart des Chassidismus gilt die Totenbeschwörung. Die jüdische Sprache wurde dem Umfeld angepasst. Man sprach vom Jiddischen

---

heute.

und vom Jiddischland.

Der Höhepunkt

Dann eilt die Geschichte dem Höhepunkt zu. Man kann unmöglich die Verbrechen Adolf Hitlers und seine Helfer auch nur annähernd beschreiben. Die kurze Darstellung möge genügen.

Die traumatische Veränderung der Lage. Ein gewisser Andreas Eisenmenger schrieb das Buch »Entdecktes Judentum«. Das Buch ließ zwar der österreichische Kaiser Leopold I. auf Gesuch der »allertuntertänigste Supplication und Bitten« der beiden Juden Oppenheimer und Wertheim verbieten, aber der Preußenkönig Friedrich der I. ließ das Buch im Jahr 1741 (50 Jahre später) mit einer Erstauflage von 1700 Stück drucken. Das Buch hatte den Untertitel: »Gründlicher und Wahrhaffter Bericht, welcher Gestalt die verstockten Juden die Hochheilige Dreyeinigkeit, Gott Vater, Sohn und Heiliger Geist in erschrecklicher Weise lästern und verunehren [...] und die ganze Christenheit auf das Äußerste verachten und verfluchen.«

Das geschah um 1750. Erinnert sei auch an den Historiker Schlözer und Jounalisten Marr. Auch hier wurde der Same ausgestreut. Bis zum Jahr

1940 waren es annähernd noch 200 Jahre. Das zeigte, welches Gewächs aufgehen würde.

Wieder gut 100 Jahre später, man schrieb das Jahr 1871, verfasste August Rohling das Buch »Der Talmudjude«. Alleine dieser Titel besagt, woher der Wind weht. Ein Handbuch mit dem Titel »Protokolle der Weisen von Zion« stellte die Juden als Welt-Verschwörer dar. Und der Jude sucht nach Heimat und lebte in der Ferne.

Nachdem so viel giftiger Same gesät kam schließlich zum Holocaust. waren Wegbereiter Schriften wie »Der Stürmer«, der von einer jüdischen Weltverschwörung ausging. Überschriften wie »Die Juden sind unser Unglück« taten ihr übriges dazu bei. Die Saat ging auf. Das führte zum Massenmord unter Adolf Hitler. Beim Holocaust, hebräisch Schoah –»Das Unheil« oder »Die Katastrophe« – wurden um die 6.000.000 (sechs Millionen) Menschen jüdischen Glaubens und dann noch Menschen, die den Ethnien »Sinti« und »Roma« angehörten, mit industriellen Methoden getötet. Die Hersteller von Zyklon B haben sich eine goldene Nase verdient. »Dem Einen sein Brot, dem Anderen sein Tod,« ist ein allgemeiner Spruch.

Welche Gründe vorgelegen haben, die Juden wurden zunächst wohlwollend aufgenommen, dann aber nach Jahren und Jahrzehnten wendete sich das Blatt. Nahezu überall wurden hervorgehobene Juden des Landes verwiesen. Adolf Hitler und seine Helfer waren der Höhepunkt der Verfolgung und der Versuch nach einer endgültigen Lösung der sogenannten »Judenfrage« zu kommen. Dennoch war Adolf Hitler der Anlass der Juden dafür, dass sie zum eigenen Staat kamen. Der Jude hat seine Heimat gefunden, aber er lebte mit seinen Nachbarn in Unfrieden.

Gründung des Staates Israel

Die Juden kehrten sie in das ehemalige Land Kanaan zurück. Das Land hieß jetzt Palästina. Am 14. Mai 1948 wurde der Staat Israel ausgerufen. Vorausgegangen war die sogenannte Balfourdeklaration. Der damalige britische Außenminister Lord Arthur James Balfour – die Briten waren die damalige Kolonialmacht im Nahen Osten – schrieb am 2. November 1917 einen Brief an Baron Edward Rothschild. Dieser war ein prominentes Mitglied der jüdischen Gemeinde in Großbritannien. Der Brief hatte folgenden Inhalt: »Die Regierung Ihrer

Majestät betrachtet mit Wohlwollen die Errichtung einer nationalen Heimstätte für das jüdische Volk in Palästina.« Er fügte noch hinzu, dass sie ihr Bestes tun werde, um das Erreichen dieses Zieles zu erleichtern.

Als am 29.November 1947 die Mitglieder der gerade gegründeten Vereinten Nationen zusammenkamen, fassten sie mit der Resolution 181 einen bahnbrechenden Beschluss. Mit 33 Ja und zu 13 Nein-Stimmen bei 10 Enthaltungen schlugen sie die Teilung des britischen Mandatsgebietes Palästina in einen jüdischen und einen arabisch-palästinensischen Staat vor. Während Israel seinen eigenen Staat bald ausrief, warteten und warten die Palästinenser noch immer darauf. Ob Yassir Arafat viele Möglichkeiten gehabt hat, einen eigenen Staat auszurufen, kann man hier nicht beurteilt werden. Liest man aber Bücher, die wohlwollend die Ansichten Arafats darstellen, bekommt man eine andere Sicht der Dinge. Jeder hat auf seine Weise recht. Ein Friedensvertrag zwischen beiden Völkern kann trotz allem nicht erwartet werden. Der heutige Staat Israel ist auf dem Boden Palästinas entstanden.[6] So ist dieser kleine Landstrich

---

[6]Der Pharao Ramses III. spricht vom »Bote nach Kanaan im

am Rande der Weltgeschichte bis heute einer der umkämpften Brennpunkte internationaler Politik.

Eine Auswahl der letzten Jahrzehnte:

- Palästinakrieg, von November 1947 bis Juli 1948
- Sinaikrieg von Oktober 1956 bis März 1957
- Sechstagekrieg 5-10 Juni 1967
- Jom-Kippur-Krieg, Oktoberkrieg 1973
- Libanonkrieg von Juni 1982 bis September 1982
- Libanonkrieg von Juli bis August 2006

Die Ausrottung des Judentums ist in Europa vorbei. Es gehen aber Krisenherde im Nahen Osten weiter. So wie das Judentum in Europa zunächst positiv aufgenommen wurde, wendete sich das Blatt alsbald. Die Ursache dürften im Anderssein des Judentums liegen. Nach Jahren und Jahrzehnten kam es zu neuen Konflikten. Wer einmal in Jerusalem war und hat sich die Klagemaurer angeschaut, der weiß, wie es dort zugeht. Dort prägen strenge Juden mit ihren schwarzen Hüten und Schläfenlocken, Kippa (Kappe) und Gebetsriemen das Stadtbild. Der Staat Israel und das Judentum

----

Lande Palastu.«

lassen sich nicht voneinander trennen. Religion und Staat sollten aber getrennt sein. Wenn strenge Juden keinen Militärdienst leisten müssen, ist etwas fault im Staate Israel.

Die vielen Politiker, die bis heute den Nahen Osten bereisen und bereisten, um die feindlichen Regierungen und Völker an einen Tisch zu bringen, blieben erfolglos. Die deutschen und europäischen Politiker finden sowieso kein Gehör.

Zum Abschluss des Buchs soll ein kurzer Text des ehemaligen Satirikers Ephraim Kishon folgen.[Kis71] Der Satiriker verrät mehr als so mancher Politiker denkt, aber nicht sagt.

Zusätze:

Das Leben Abrahams konnte nicht in allen Nuancen geschildert werden. Man geht man von einer späteren Verfasserschaft aus. Das Buch »Keine Trompeten vor Jericho.«[FS02], was lesenswert ist, hatte zur Person Abraham keine Stele, keine Inschriften gefunden. Sie sprachen von der vergeblichen Suche nach den Erzvätern und Erzmüttern des Judentums. Es sind zwar kraftvolle literarische

Leistungen und glänzende Schilderungen. Das Leben Abrahams bekommt kein Gewicht. Wenn es den biblischen Abraham nicht gegeben hat, dann dürfte es den islamischen Ibrahim auch nicht gegeben haben. Noch viel mehr: Das Judentum hat sich selbst in eine prekäre Situation gebracht, aus der schwer herauszukommen ist. So kam es zur Zerstreuung der Juden in alle Welt.

Während der Herrschaft des chaldäischen Königs Nebukadnezar wurde der erste Tempel zerstört. Nach dem Aufbau des zweiten Tempels wurde dieser durch die Römer zerstört. Dann wurden Versammlungshäuser, Synagogen genannt, gebaut.

Nach diesen Schilderungen kam es zur Zerstreuung (Diaspora) bzw. und Auswanderung von einem Großteil der Juden. Ein Teil davon zog in die angrenzenden Mittelmeerländer. In Alexandria wurden die fünf Bücher Mose (Thora) ins Griechische übersetzt.[7] Hinzugefügt wurden weitere biblische Bücher wie Judit, Tobit, die beiden Bücher der Makkabäer usw.

Im Alten Testament gibt es einige Bibelverse, die

---

[7]Die Septuaginta ist die älteste durchgehende Übersetzung der hebräischen Bibel in die damalige altgriechische Alltagssprache die Koine.

von der Zerstreuung des Judentums sprechen. Nur eine kleine Auswahl:

1.Könige 14,15:

Der Herr wird Israel schlagen, dass es schwankt wie das Rohr im Wasser, und er wird Israel aus diesem guten Land, das er den Vätern gegeben hat, ausreißen und es jenseits des Stromes zerstreuen, weil sie sich Kultpfähle gemacht und ihn dadurch erzürnt haben.

Hesekiel 20,23-24:

»Doch schwor ich ihnen in der Wüste, dass ich sie unter die Heidenvölker zerstreuen und in die Länder versprengen würde, weil sie meine Rechtsordnungen nicht befolgt und meine Satzungen verworfen hatten und meine Sabbate entheiligt und ihre Augen nach den Götzen ihrer Väter gerichtet hatten.«

Jeremia 9,6-8:

»Darum spricht der Herr der Heerscharen so: Siehe, ich will sie schmelzen und läutern; denn wie sollte ich anders umgehen mit der Tochter meines Volkes? Ihre Zunge ist ein tödlicher Pfeil, Lügen redet sie: Mit dem Mund redet man Frieden mit seinem

Nächsten, aber im Herzen legt man ihm einen Hinterhalt. Sollte ich sie wegen dieser Dinge nicht strafen? spricht der Herr, und sollte sich meine Seele an einem solchen Volk nicht rächen?«

In Elephantine, eine Insel im ersten Katarakt des Nil, gab es schon vor dem Jahr 525 v. Chr. eine jüdische Kolonie, die einen eigenen JHWH-Tempel mit Opferkult hatte. Die erhaltenen reichsaramäischen Dokumente dieser Kolonie sind in der Zeit von 495-399 v. Chr. verfasst worden und geben wichtige Informationen über die Diasporajuden im 5. vorchristlichen Jahrhundert im Perserreich, aber auch Einblick in die Verwaltung des Achämenidenreichs. Es handelt sich teilweise um private Schriftstücke wie Kreditverträge und Heiratsurkunden, aber auch um offizielle Korrespondenz mit der persischen Verwaltung in Susa, mit den Satrapen in verschiedenen achämenidischen Provinzen und mit den Priestern am Jerusalemer Tempel. Es wurden in Elephantine jedoch keinerlei Teile des Tanach gefunden. Vätergeschichte kannte man nicht, wohl aber hielt man Sabbate ein.

Die ersten sechs Verse berichteten von sechs Söhnen Abrahams mit Ketura. Mit Vers sieben wird der Tod Abrahams erzählt. Er wurde 175 Jahre alt und wurde von seinen Söhnen Ismael und Isaak in der Höhle Machpela begraben. Der kleine Abschnitt endet mit dem Segen Gottes für Isaak.

Einige Hintergründe:

Das Leben Abrahams konnte nicht in allen Nuancen betrachtet werden. Person und Umtände sind in einer späteren Zeit geschrieben worden. Das Buch »Keine Trompeten vor Jericho.«[FS02], was lesenswert ist, hatte zur Person Abraham keine Stele, keine Inschriften gefunden. Sie sprachen von der vergeblichen Suche nach den Erzvätern und demzufolge Erzmüttern des Judentums. Es sind zwar kraftvolle literarische Leistungen und einige glänzende Schilderungen, aber das besagt kein richtiges Leben. Wenn es den biblischen Abraham nicht gegeben hat, dann dürfte es den islamischen Ibrahim auch nicht gegeben haben. Noch viel mehr: Das Judentum hat sich selbst in eine schwierige Situation gebracht, aus der schwer herauszukommen ist. Die Zerstreuung der Juden in alle Welt ist geschehen.

Während der Herrschaft des chaldäischen Königs Nebukadnezar wurde der erste Tempel zerstört. Nach dem Aufbau des zweiten Tempels wurde dieser durch die Römer zerstört. Daraufhin wurden Synagogen gebaut.

Nach diesen Schilderungen kam es zur Zerstreuung (Diaspora) bzw. und Auswanderung von einem Großteil der Juden. Ein Teil davon zog in die angrenzenden Mittelmeerländer. In Alexandria wurden die fünf Bücher Mose (Thora) ins Griechische übersetzt.[8] Hinzugefügt wurden weitere biblische Bücher wie Judit, Tobit, die beiden Bücher der Makkabäer, Zusätze zum Buch Daniel usw.

Im Alten Testament gibt es einige Bibelverse, die von der Zerstreuung des Judentums sprechen. Nur eine kleine Auswahl:

1.Könige 14,15:

Der Herr wird Israel schlagen, dass es schwankt wie das Rohr im Wasser, und er wird Israel aus diesem guten Land, das er den Vätern gegeben hat, ausreißen und es jenseits des Stromes zerstreuen, weil sie sich Kultpfähle gemacht und ihn dadurch erzürnt haben.

Hesekiel 20,23-24:

---

[8]Die Septuaginta ist die älteste durchgehende Übersetzung der hebräischen Bibel in die damalige altgriechische Alltagssprache die Koine.

»Doch schwor ich ihnen in der Wüste, dass ich sie unter die Heidenvölker zerstreuen und in die Länder versprengen würde, weil sie meine Rechtsordnungen nicht befolgt und meine Satzungen verworfen hatten und meine Sabbate entheiligt und ihre Augen nach den Götzen ihrer Väter gerichtet hatten.«

Jeremia 9,6-8:

»Darum spricht der Herr der Heerscharen so: Siehe, ich will sie schmelzen und läutern; denn wie sollte ich anders umgehen mit der Tochter meines Volkes? Ihre Zunge ist ein tödlicher Pfeil, Lügen redet sie: Mit dem Mund redet man Frieden mit seinem Nächsten, aber im Herzen legt man ihm einen Hinterhalt. Sollte ich sie wegen dieser Dinge nicht strafen? spricht der Herr, und sollte sich meine Seele an einem solchen Volk nicht rächen?«

Hierzu zählen Pfandleihgeschäfte, Zinsgeschäfte, Finanzgeschäfte und dergleichen mehr. Seit der Karolingerzeit, herausgehobener Vertreter war Karl der Große, wurden die Juden wegen finanzieller Geschäfte geschätzt. Im christlichen Abendland war zu dieser Zeit der Geldhandel nicht üblich. Die Juden hatten wegen dieser Geschäfte sogar eine

Monopolstellung inne. Das änderte sich mit den Jahren.

Ein Szene aus Oberitalien:

Als die Juden nach Europa kamen, wurden sie wohlwollend bis neutral aufgenommen. Bei einem Erlebnis aus Triest (norditalienische Hafenstadt) geschah Folgendes: An einem Gründonnerstag 1475 verschwand ein etwa zweijähriger Junge, der den Namen Simon trug. In der Nacht zu Ostersonntag entdeckten Bürger die Leiche des Knaben in einem Wassergraben, der an einem jüdischen Haus vorbeilief. Sofort wurden Stimmen laut, die Juden hätten das Kind umgebracht, um sich an seinem Blut zu berauschen. Der Bürgermeister ging noch weiter und mutmaßte sogar, dass mit dem vergossenen Blut ein Gegenkult zum Blut Christi geschaffen werden soll. Noch im selben Jahr erschienen zwölf Holzschnitte mit dem Titel: »Die Historie von Simon«. Erst 1965 wurde die Verehrung des »Beatus Simoninus« aufgehoben[Sch]. Das sind fast 500 Jahre später. Diese kleine Beispiel macht das Umschlagen der Stimmung deutlich.

Und in Spanien?

In Spanien hatten die Juden mit den Arabern ein

gutes Auskommen. Sie nannten sich nicht mehr »A ben B«, sondern »A ibn B«. Kurz: Der Jude passte sich an. Die Stadt Córdoba war das geistige und politische Zentrum des Judentums. Ein jüdischer Herr namens Chasdai ibn Schaprut wurde als erste Person »Hofjude« genannt. Er war für die Zölle des spanischen Reichs verantwortlich. Andere hochgestellte jüdische Persönlichkeiten waren für die Münzprägung zuständig. Im Laufe der Jahre kann von einem christlich-jüdischen Zusammenleben nicht gesprochen werden. Dann kam es, ab dem Jahr 1391, zu einer rapiden Verschlechterung der Lage. Als eine Ursache wird der Religionsdisput von Barcelona angesehen. Ein weiterer Grund ist die Heirat zwischen Ferdinand von Aragon und Isabella von Kastilien (1469), die zur Einheit Spaniens führte. Die so zustande gekommene Einheit, folgte eine religiöse. Man sprach eine eigene Sprache – das Judenspanisch.

Dann begann die Inthronisation der »Reyes Católico«. Der in Spanien geborene Papst Alexander VI. schuf den Titel »Katholische Könige«, daher der Name »Reyes Católico«. Bald kam es zur Judenverfolgung. Synagogen wurden abgebrannt oder in Kirchen umgewandelt. Hundert Jahre später, zwischen den Jahren 1491-1492, mussten alle Juden auf Befehl des neuen spanischen Königs das Land verlassen. Dabei hat es eine breite Masse von Menschen jüdischen Glaubens gegeben, die in Spanien ihr Auskommen hatten.

Als schwarzer Tod (Yersinia pestis) wurde die Pest bezeichnet, die in Europa ihren Höhepunkt in den Jahren 1348 – 1351 hatte. Als eine Ursache wurde die ungünstige Sternkonstellation von Mars, Jupiter und Saturn angenommen. Eine andere Ursache war verseuchtes Wasser. Wieder eine andere Ursache galt das Öffnen von Fenster nach einer bestimmten Himmelsrichtung. Zur Heilung der verschiedenen Pest-Erkrankungen war der Aderlass bekannt. Wenn jemand an der Beulenpest erkrankt war, wurde mit einer Spritze in die Beule hineingestochen, so dass Blut heraustrat. Die Juden wurden als ein Auslöser der Pest bezeichnet. Hier galt der Wucherzins als eine Ursache. Dass sie selbst an der Pest erkrankt waren, wollte man davon nichts wissen. Sogar der Ablasshandel nahm zu. Konstantinopel, das heutige Istanbul, galt als Rattenland Nummer 1 – alleine wegen der mangelhaften Hygiene. Es dauerte bis zum 20. Juni 1894 als der ehrenwerte Louis Pasteur seinen Kollegen Alexandre Yersin nach China schickte. Dort entdeckte er den Erreger. Mäuse Ratten und andere Nagetiere hatten die Pest ausgelöst.

Und in Östereich?

Die eigentliche Geschichte der Hofjuden begann in Wien. Man schreibt das Jahr 1582. Kaiser des Heiligen Römischen Reiches war Rudolf II. (1576-1612). Er schuf die Institution der »hofbefreiten Juden«. Diese waren von Zoll- und Mautabgaben befreit. Sie waren für Waren und Handel ausschließlich dem Obersthofmarschall unterstellt. Außerdem waren sie befreit vom Tragen des Judenzeichens. Auf Betreiben Wallensteins erhielt Jakob Bassevi von Treuenberg diesen Adelstitel. Gemeinsam mit Wallenstein und einem anderen Fürsten hatten sie die Münzprägung gepachtet. Das war sozusagen die Lizenz zum Gelddrucken. Dann kam es um 1670 zu Unstimmigkeiten mit den Geldgeschäften. Es fehlten 500 000 Gulden in der Hofkammer.[9] Man sah sich nach einem anderen Finanzfachmann um. Dieser Mann war Samuel Oppenheimer. Im Jahre 1674 erhielt er den Titel »Kaiserlicher Kriegsfactor«.

---

[9]Umgerechnet könnte es sich dabei um 15 Kilogramm Gold gehandelt haben. Der Goldpreis war damals geringer als heute.

Er war Armeelieferant und Hofbankier in einer Person. Durch riskante Geschäfte während der Türkenkriege, die sich vor Wien zutrugen, musste er Waffen, Munition und Kleidung für die habsburgischen Geschäfte besorgen. Die Geschäfte gelangen, er bekam den Titel »Kayserlicher Paß ins Reich für Samuel Oppenheimer Juden und Factoren bey der kayserlichen Armada«.

Und in Osteuropa?

Zwischen 1700-1760 gab es im osteuropäischen Judentum eine Entwicklung die Chassidismus genannt wurde. Als Gründerpersönlichkeit gilt »Israel ben Eliezer Ba'al schem tobh«. Wörtlich übersetzt heißt das: »Herr des guten Namens«. Seine Bezeichnung als Ba'al schem tobh kann wohl nichts anderes besagen, dass er magische Praktiken beherrschte. Bald nannte man Wilna das ›Jerusalem Litauens‹. Als eine Abart des Chassidismus gilt die Totenbeschwörung. Die jüdische Sprache wurde dem Umfeld angepasst. Man sprach vom Jiddischen.

Dann der Höhepunkt

Dann eilt die Geschichte dem Höhepunkt zu. Man kann unmöglich die Verbrechen Adolf Hitlers und seine Helfer auch nur annähernd beschreiben. Die kurze Darstellung möge genügen.

Die traumatische Veränderung der Lage. Ein gewisser Andreas Eisenmenger schrieb das Buch »Entdecktes Judentum«. Das Buch ließ zwar der österreichische Kaiser Leopold I. auf Gesuch der »allertuntertänigste Supplication und Bitten« der beiden Juden Oppenheimer und Wertheim verbieten, aber der Preußenkönig Friedrich der I. ließ das Buch im Jahr 1741 (50 Jahre später) mit einer Erstauflage von 1700 Stück drucken. Das Buch hatte den Untertitel: »Gründlicher und Wahrhaffter Bericht, welcher Gestalt die verstockten Juden die Hochheilige Dreyeinigkeit, Gott Vater, Sohn und Heiliger Geist in erschrecklicher Weise lästern und verunehren [...] und die ganze Christenheit auf das Äußerste verachten und verfluchen.«

Das geschah um 1750. Erinnert sei auch an den Historiker Schlözer und Jounalisten Marr. Auch hier wurde der Same ausgestreut. Bis zum Jahr 1940 waren es annähernd noch 200 Jahre. Das zeigte, welches Gewächs aufgehen würde.

Wieder gut 100 Jahre später, man schrieb das Jahr 1871, verfasste August Rohling das Buch »Der Talmudjude«. Alleine dieser Titel besagt, woher der

Wind weht. Ein Handbuch mit dem Titel »Protokolle der Weisen von Zion« stellte die Juden als Welt-Verschwörer dar. Und der Jude sucht nach Heimat und lebte in der Ferne.

Nachdem so viel giftiger Same gesät kam schließlich zum Holocaust. waren Wegbereiter Schriften wie »Der Stürmer«, der von einer jüdischen Weltverschwörung ausging. Überschriften wie »Die Juden sind unser Unglück« taten ihr übriges dazu bei. Die Saat ging auf. Das führte zum Massenmord unter Adolf Hitler. Beim Holocaust, hebräisch Schoah –»Das Unheil« oder »Die Katastrophe« – wurden um die 6.000.000 (sechs Millionen) Menschen jüdischen Glaubens und dann noch Menschen, die den Ethnien »Sinti« und »Roma« angehörten, mit industriellen Methoden getötet. Die Hersteller von Zyklon B haben sich eine goldene Nase verdient. »Dem Einen sein Brot, dem Anderen sein Tod,« ist ein allgemeiner Sinnspruch.

Welche Gründe vorgelegen haben, die Juden wurden zunächst wohlwollend aufgenommen, dann aber nach Jahren und Jahrzehnten wendete sich das Blatt. Nahezu überall wurden hervorgehobene Juden des Landes verwiesen. Adolf Hitler und seine Helfer waren der Höhepunkt der Verfolgung und der Versuch nach einer endgültigen Lösung der sogenannten »Judenfrage« zu kommen. Dennoch war Adolf Hitler der Anlass der Juden dafür, dass sie zum eigenen Staat kamen. Der Jude hat seine Heimat gefunden, aber er lebte mit seinen Nachbarn in Unfrieden.

Gründung des Staates Israel:

Die Juden kehrten sie in das ehemalige Land Kanaan zurück. Das Land hieß jetzt Palästina. Am 14. Mai 1948 wurde der Staat Israel ausgerufen. Vorausgegangen war die sogenannte Balfourdeklaration. Der damalige britische Außenminister Lord Arthur James Balfour – die Briten waren die damalige Kolonialmacht im Nahen Osten – schrieb am 2. November 1917 einen Brief an Baron Edward Rothschild. Dieser war ein prominentes Mitglied der jüdischen Gemeinde in Großbritannien. Der Brief hatte folgenden Inhalt: »Die Regierung Ihrer Majestät betrachtet mit Wohlwollen die Errichtung einer nationalen Heimstätte für das jüdische Volk in Palästina.« Er fügte noch hinzu, dass sie ihr Bestes tun werde, um das Erreichen dieses Zieles zu erleichtern.

Als am 29.November 1947 die Mitglieder der gerade gegründeten Vereinten Nationen zusammenkamen, fassten sie mit der Resolution 181 einen bahnbrechenden Beschluss. Mit 33 Ja und zu 13 Nein-Stimmen bei 10 Enthaltungen schlugen sie die Teilung des britischen Mandatsgebietes Palästina in einen jüdischen und einen arabisch-palästinensischen Staat vor. Während Israel seinen eigenen Staat bald ausrief, warteten und warten die Palästinenser noch immer darauf. Ob Yassir Arafat viele Möglichkeiten hatte, einen eigenen Staat auszurufen, kann vermutet, aber nicht beurteilt werden. Liest man Bücher, die wohlwollend Arafat darstellen, bekommt man eine andere Sicht der Dinge. Jeder hat auf seine Weise recht. Ein Friedensvertrag zwischen beiden Völkern kann trotz allem nicht erwartet werden. Der heutige Staat Israel ist auf dem Boden Palästinas entstanden.[10] So ist dieser kleine Landstrich am Rande der Weltgeschichte bis heute einer der umkämpften Brennpunkte internationaler Politik.

Eine Auswahl der letzten Jahrzehnte:

* Palästinakrieg, von November 1947 bis Juli 1948

---

[10]Der Pharao Ramses III. spricht vom »Bote nach Kanaan im Lande Palastu.«

- Sinaikrieg von Oktober 1956 bis März 1957
- Sechstagekrieg 5-10 Juni 1967
- Jom-Kippur-Krieg, Oktoberkrieg 1973
- Libanonkrieg von Juni 1982 bis September 1982
- Libanonkrieg von Juli bis August 2006

Die Ausrottung des Judentums ist in Europa vorbei. Es gingen aber Krisen und Krisenherde im Nahen Osten weiter. So wie das Judentum in Europa zunächst positiv aufgenommen wurde, wendete sich das Blatt. Die Ursache dürften im Anderssein des Judentums liegen. Nach Jahren und Jahrzehnten kam es zu neuen Konflikten. Wer einmal in Jerusalem war und hat sich die Klagemaurer angeschaut, der weiß, wie es dort zugeht. Dort prägen strenge Juden mit ihren schwarzen Hüten und Schläfenlocken, Kippa (Kappe) und Gebetsriemen das Stadtbild. Der Staat Israel und das Judentum lassen sich nicht voneinander trennen. Religion und Staat sollten voneinander getrennt werden. Wenn strenge Juden keinen Militärdienst leisten müssen, ist etwas fault im Staate Israel.

Die vielen Politiker, die bis heute den Nahen Osten bereisten, um die feindlichen Regierungen an einen

Tisch zu bringen, blieben erfolglos. Die deutschen und europäischen Politiker finden kein Gehör.

Zum Abschluss des Buchs soll ein kurzer Text des ehemaligen Satirikers Ephraim Kishon folgen.[Kis71] Der Satiriker verrät mehr als so mancher Politiker denkt, aber nicht sagt.

Lieber König!

»[...] Wir haben Sie gehegt und gepflegt und gehätschelt. Gerade das wir ihnen keine Waffen geliefert haben. Und jetzt, plötzlich – was ist in Sie gefahren, alter Freund Hussein? Warum mussten Sie mit diesem Nasser, von dem Sie sich zwölf Jahre lang nicht kleinkriegen ließen, zwei Tage vor seinem Debakel gemeinsame Sache machen? Jetzt haben wir die Bescherung. Sie waren allerdings nicht der einzige, der uns auf den Leim gegangen ist. Große erfahrende Staatsmänner tappen gleich ihnen in die Falle, an der wir insgeheim schon seit langem gebastelt hatten, um unsre Feinde und sogar unsere Freunde zu täuschen. Oder haben Sie wirklich geglaubt, dies wäre nicht ganz genau berechnet gewesen? [...]«[Kis71]

KAPITEL 25

ABBILDUNGSVERZEICHNIS

KAPITEL 26

LITERATURVERZEICHNIS

[DR]   Stefan Drüeke und Arend Remmers. »Die Bibel - ihre Überlieferung. Musem für Bibelgeschichte, Wuppertal«. In: Christliche Schriftenverbreitung, Hückeswagen, S. 14–15.

[FS02]   Israel Finkelstein und Neil Silbermann. *Keine Posaunen vor Jericho*. C.H.Beck, 2002. ISBN: 3-406-49321-1.

[Ger]   Christian Gerritzen. Lexikon der Bibel. Komet. ISBN: 3-8983-6356-2.

[Kab]   Kaballah. URL: http://www.kabbalah.net.

[Kis71]   Ephraim Kishon. *Wie unfair, David*. dtv, 1971, S. 157. ISBN: 3-423-00708-7.

[Läp81]   Adolf Läpple. *Die Bibel. Für Christen unserer Zeit*. Delphin, 1981. ISBN: 3-7735-5079-0.

[MK]   Günter Melzer und Gunter Kraus. *Zitate Online*. URL: http://www.zitate-online.de.

[RM]   Fritz Rienecker und Gerhard Maier. *Lexikon zur Bibel*. Brockhaus Verlag. ISBN: 3-417-24678-4.

[Sch]   Kurt Schubert. *Jüdische Geschichte*. C.H.Beck-Wissen. ISBN: 3-406-44918-5.

[Wik]   Wikipedia. *Online Lexikon*. URL: http://www.wikipedia.de.

TABELLENVERZEICHNIS

SACHREGISTER